职业教育综合素质
养成教育系列教材

京师职教
JingShi Vocational Education

U0659759

公共关系实务（第2版）

GONGGONG GUANXI SHIWU

杨国兰 ◉ 主　编

巩　伟　吕　刚　范丛明 ◉ 副主编

北京师范大学出版集团
BEIJING NORMAL UNIVERSITY PUBLISHING GROUP
北京师范大学出版社

YANGCHENG

JIAOYU

XILIE

JIAOCAI

图书在版编目(CIP)数据

公共关系实务/杨国兰主编．—2版．—北京：北京师范大学出版社，2023.9
ISBN 978-7-303-28972-1

Ⅰ.①公…　Ⅱ.①杨…　Ⅲ.①公共关系学－教材
Ⅳ.①C912.31

中国国家版本馆 CIP 数据核字(2023)第 051741 号

教材意见反馈　　**gaozhifk@bnupg.com**　　**010-58805079**
营销中心电话　010-58802755　58800035
编辑部电话　010-58802883

出版发行：北京师范大学出版社　www.bnupg.com
　　　　　北京市西城区新街口外大街 12-3 号
　　　　　邮政编码：100088
印　　刷：北京溢漾印刷有限公司
经　　销：全国新华书店
开　　本：889 mm×1194 mm　1/16
印　　张：15
字　　数：247 千字
版　　次：2023 年 9 月第 2 版
印　　次：2023 年 9 月第 9 次印刷
定　　价：39.80 元

策划编辑：姚贵平　　　　　　责任编辑：李锋娟
美术编辑：陈　涛　焦　丽　　装帧设计：陈　涛　焦　丽
责任校对：陈　民　　　　　　责任印制：马　洁

　　中国的职业教育正在经历课程改革的重要阶段。传统的学科型课程逐渐被解构，以岗位实际工作能力为取向的课程正逐步建构起来。在这一转型过程中，出现了两种看似很接近，而实际上存在重大理论基础差别的课程模式，即任务型课程和项目课程。二者从表面看很接近，是因为它们均强调以岗位实际工作内容为课程内容。国际上已就如何获得岗位实际工作内容达成共识，那就是以任务分析为方法。这可能是二者最为接近之处，也是人们容易混淆二者关系的关键所在。

　　然而很多人没有认识到，岗位上实际存在两种任务，即概括的任务和具体的任务。如对商务专业而言，联系客户是概括的任务，而联系某个特定业务的特定客户则是具体的任务；工业类专业同样存在这一明显区分，如汽车专业判断发动机故障是概括的任务，而判断一辆特定汽车的发动机故障则是具体的任务。当然，一些课程专家还是敏锐地觉察到了这一区别，如我国的姜大源教授，他使用了"写意的任务"和"写实的任务"这两个概念。美国也有课程专家意识到了这一区别并为之困惑。他们提出的问题是："我们强调教给学生任务，可现实中的任务是非常具体的，我们该教给学生哪个任务呢？显然我们是没有时间教给他们所有具体任务的。"

　　意识到存在这两种类型的任务，是职业教育课程研究的巨大进步，而对这一问题的有效处理，将大大推进以岗位实际工作能力为取向的课程模式在职业院校的实施，项目课程就是为解决这一问题而产生的课程理论。它主张在课程设计中区分两个概念，即课程内容和教学载体。课程内容即要教给学生的知识、技能和态度，它们是形成职业能力的条件（不是职业能力本身），课程内容的获得要以概括的任务为分析对象。教学载体即学习课程内容的具体依托，它要解决的问题是如何在具体活动中实现知识、技能和态度向职业能力的转化，这种转化能力的获得要以具体的任务为分析对象。实现课程内容和教学载体的有机统一是项目课程设计的关键环节。

　　这套教材设计的理论基础即项目课程。一门完整的课程需要课程标准、授课方案、教学资源、评价方案等，而教材是其中非常重要的构成要素，是连接课程理念与教学行为的重要桥梁，是综合体现各种课程要素的教学工具。好的教材既要体现课程标准，又要能为寻找所需教学资源提供清晰索引，还要能有效地引导学生进行学习和评价。可见，教材开发是一项非常复杂的工程，项目课程的教材开发更是如此，因为它没有成熟的模式可循。除这些困难外，项目教材开发还面临一项艰巨任务，那就是如何实现教材内容的突破，如何把现实中实用的工作知识有机地组织到教材中。

这套教材在以上这些方面都进行了谨慎而又积极的尝试，其开发经历了一个较长过程（约 4 年时间）。首先，教材开发者们组织企业专家，以专业为单位对相应职业岗位上的工作任务与职业能力进行了细致而有逻辑的分析，并以此为基础进行了课程设置，撰写了专业教学标准，以使课程结构与工作结构吻合，最大限度地实现职业能力培养。其次，教材开发者们以每门课程为单位，进行了课程标准与教学方案开发，尤其突出了项目载体的选择和课程内容的重构。项目载体的选择要求具有典型性，符合课程目标要求，并体现该门课程的学习逻辑。课程内容则要求真正呈现实施项目所需要的专业知识，尤其是现实中的工作知识。在取得以上课程开发基础研究的完整成果后，教材开发者们才着手进行了这套教材的编写。

经过模式定型、初稿、试用、定稿等一系列复杂阶段，这套教材终于诞生了。它的诞生是我国项目课程改革中的重要事件，这既是因为它很好地体现了项目课程思想，无论在结构还是内容方面均达到了高质量教材的要求；也是因为它所覆盖专业之广、涉及课程之多为以往类似教材所不及，其系统性将极大地方便教师对项目课程的实施；还是因为它的开发遵循了以课程研究为先导的教材开发范式。一个国家、一个专业、一门课程，其教材建设水平其实体现的是课程研究水平，而最终又会直接影响到教育教学水平。

当然，这套教材也不是十全十美的，我想教材开发者们也会认同这一点。来美国之前我就抱有一个强烈愿望，希望看看美国的职业教育教材是什么样子的，因此每到学校考察必首先关注其教材，然而往往也是失望而回。在美国确实有许多优秀教材，尤其是普通教育教材，设计得非常严密，但职业教育教材往往只是一些参考书。美国的一些教授对传统职业教育教材也多有批评，有教授认为这种教材只是信息的堆砌，而非真正的教材，教材应体现学与教的过程。如此看来，职业教育教材建设是全球所面临的共同任务。这套教材的开发者们一定会为更好地完成这一任务而继续努力，因此他们定会欢迎老师和同学对教材的不足之处不吝赐教。

徐国庆

现代公共关系自 20 世纪 80 年代传入我国以后，随着我国改革开放的不断深入，在社会、经济等领域发挥着越来越重要的作用。在现代市场经济的大潮中，公共关系在社会组织的形象塑造过程中占据着举足轻重的地位。如今，企业面对的市场竞争压力和挑战越来越大，公共关系的好坏直接关系到企业能否生存与发展。

编写一本高质量的、适合中国企业特色并且符合职业教育理念的教材，是我一直思考和研究的问题。近几年来，我在深圳技师学院开设了公共关系管理课程，而且一直在关注新的公共关系管理研究成果，并努力将成果反映在教材中。在编写过程中，我结合自己多年的企业管理实践和教学经验，以适应中等职业教育为目标，以培养实践能力为导向，设计教材内容。由于《公共关系实务》的初版时间为 2011 年，距今已有十余年之久，所以教材中的一些材料及案例显得相对陈旧，第 2 版教材对此进行了修改，选择了一些既具有专业性又具有前沿性的案例及材料，挖掘了新时期公共关系中出现的新问题、新做法。

本教材的特色是：第一，以项目的形式划分全书的结构。教材内容由七个项目组成，包括公共关系认知、公共关系调查研究、公共关系策划、公共关系实施与效果评估、组织形象塑造、公共关系沟通与传播、公共关系危机管理。项目的设计体现了企业公共关系管理的实际工作过程，以公关从业人员的工作职责为逻辑主线，每个项目都有项目目标、项目描述、项目实施、项目拓展训练以及项目实施评价、项目反思等环节，其中项目实施又细分为若干任务，每个任务包含多个步骤，每个步骤大都按照案例、技能训练、相关链接、能力拓展等部分展开。第二，与传统的教材比较，有较大的创新。传统教材以学科体系为主线，重理论，轻实践，很难培养学生的实践能力。本教材的开发理念是以学生的职业活动为导向，以工作过程所涉及的工作项目为主线，对于每个项目教学给定明确的学习目标，并将该活动所涉及的知识与技能有机结合。教材开发既适用于学生专业能力培养，又能适应学生职业素质的形成，融知识与经验为一体，理论与实践相结合。

　　本书的主编为杨国兰，巩伟、吕刚、范丛明为副主编。在编写过程中，北京师范大学出版社姚贵平先生给予了大力支持，在此表示诚挚的感谢！本书参阅引用了国内外学者的著作以及企业界的案例，在书中列明了出处。但是，由于种种原因，未能与部分作者取得联系，欢迎他们与我们联系。在此，一并致以敬意和谢意。

　　由于编者的知识水平和实践经验有限，疏漏之处在所难免，欢迎广大读者批评指正，参与讨论。

杨国兰

目录

"公共关系"（简称"公关"）是一门现代管理科学与艺术。在现代社会，公共关系对国家政治、经济、文化等方面的影响越来越大，对企业等社会组织的活动起着重大的指导作用。

学习公共关系，必须先揭开公共关系"朦胧的面纱"。那么，究竟什么是公共关系呢？

项目目标

知识目标

● 了解公共关系的内涵、职能及原则
● 熟悉公共关系的构成要素
● 理解公关人员应具备的职业道德、基本素质和对其的能力要求

能力目标

● 会根据公共关系的相关理论，分析公关事件
● 会根据公众的特点，区分不同的公众
● 会根据不同的公众，初步制定公关工作策略

项目描述

被人误解的"公关"

刘霞是一家公关公司的职员，她的工作就是维护甲粮、乙粮厂商与媒体的关系，并树立这两个品牌在消费者心目中的良好形象。

把一个品牌广泛传播，树立它的良好形象，这就是公关公司的作用。可让刘霞头疼的问题是：许多人对公关公司存在着误解。比如，有人一听说她是公关公司的，就佩服地说："那你酒量一定不错!"再比如，一次刘霞深夜加班回家，上了出租车，司机问她是做什么工作的，刘霞告诉他自己在公关公司上班，司机马上一脸的意味深长，拖长音"哦"了一声，再不言语。

思考练习

1. 社会上对于公关的看法主要有哪些？

2. 你认为公共关系到底是什么？公共关系对于社会组织有何意义？

学习笔记

项目任务

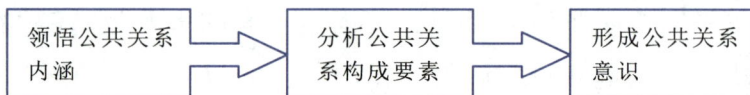

领悟公共关系内涵 → 分析公共关系构成要素 → 形成公共关系意识

项目实施

任务一

领悟公共关系内涵

社会上流传着一些对于公关的误解：

公关＝吃喝玩乐

公关＝美女公关

公关＝广告的辅助形式

公关＝高薪

大家对公关有这样的误解不足为奇，因为公共关系无论作为一种职

业，还是作为一门科学，真正进入我国可以说是姗姗来迟。公共关系于
20 世纪 20 年代初诞生于美国，于 20 世纪 80 年代初传入我国，率先出
现在改革开放最早的深圳等经济特区，运用于一些外商独资企业或中外
合资企业中，特别集中在宾馆、饭店等行业，所以常常让人产生上述
误解。

那么，究竟什么是公共关系呢？

🔍 案例

"食为天"事件

关注"食为天"品牌宣传的轨迹，我们可以分析其取得成功的原因。
"非典"期间，"食为天"增加资金投入，加大了公益广告的投放力度；
"非典"过后，"食为天"得到了市场的回报。后来"食为天"公司又利用获
得"航天员专用食品"称号的机会，进行"仰望蓝天，为中国喝彩"的公关
活动。有效的公关策划使"食为天"品牌的知名度和美誉度大幅提升，树
立起一个受公众认可的企业形象。

思考与讨论：

1."食为天"公司是如何借助媒体、事件，做好品牌宣传的，取得了
什么效果？

_____

_____

2. 在上述案例中，企业是如何引起公众关注的？公众的关注对社
会组织有什么作用？

_____

_____

📖 相关链接

一、公共关系的含义

公共关系（Public Relations，PR），特指社会组织与公众之间的关
系，具体指社会组织运用传播手段实现与公众之间信息的双向交流，促
成社会组织与公众之间建立良好的信赖合作关系，在满足公众利益的基
础上求得社会组织自身的发展。

📝 学习笔记

二、公共关系的职能

公共关系的职能是公共关系在组织中所应发挥的作用和应承担的职责。

(一)塑造形象

公共关系的目标就是塑造组织良好的形象。对于现代企业来说，就是打造品牌。通过公关策划与宣传，让企业品牌成为国家名牌甚至国际名牌，是实现可持续发展的关键。

树立组织良好的品牌形象，能够有效稳定旧客户，并吸引其他品牌的用户，不断扩大自己的公众队伍。

品牌形象主要表现在知名度、美誉度、首选度三个方面，三者都高，才是良好的品牌形象。

🔍 案例

"佳之佳"牌点心

某厂商开发出"佳之佳"牌点心。由于价格公道，质量上乘，口感好，"佳之佳"牌点心迅速赢得了市场。后来，厂商为了进一步扩大影响，策划了一个宣传作品，内容大致为：男女老少都喜欢吃"佳之佳"牌点心，"佳之佳"牌点心是青少年的伴侣，谈恋爱的人吃"佳之佳"牌点心最合适，失恋的人也最爱"佳之佳"牌点心。宣传作品发布后，"佳之佳"牌点心的市场一下子萎缩了，也就是首选度降低了。

思考与讨论：

造成这种现象的原因是什么？作品的几句宣传词有什么互相矛盾之处？写宣传词有什么忌讳？

_____

_____

_____

提示："佳之佳"牌点心虽然知名度、美誉度均高，但由于被附加了负面心理形象，导致公众对它的首选度下降，进而失去了市场。

(二)收集信息，咨询建议

公关工作要收集内外公众对组织实行的政策、采取的行动的各种反应，反馈给组织的领导者，作为改进工作、进行决策的依据，或根据公众反应，提出改进组织经营管理的方案，供领导选择采用。

(三)沟通协调

公共关系具有很强的沟通协调职能。公共关系与宣传不同，传统的宣传工作方法主要是"单向灌输"，要求公众被说服；而公共关系强调双向沟通，不仅是组织向公众传递信息，而且特别注意公众对信息的反馈。沟通交际、协调关系旨在使组织与公众相互理解、相互支持，双方建立信任关系，处于一种和谐的状态，为组织创造一个"人和"的环境，使组织与内外公众建立友好、合作的社会关系。

(四)提高服务质量

现代企业家大都高度重视服务。松下幸之助曾说："不论是多么好的销售，若缺乏完整的服务，就无法使顾客满意，并且也会因此而失掉商品的信誉。"企业应努力提高服务质量，包括售前、售中、售后服务的质量，只有这样才能树立良好的公众形象。

(五)关心社会，扩大影响

社会是组织赖以生存发展的客观环境。组织只有关心、重视社会整体效益，履行社会责任，才能取得社会公众的信赖和好感，创造一个良好的社会关系环境。从组织的角度分析，进行赞助等社会公益活动的主要目的是提高自身的知名度和美誉度，体现其社会责任感，证明其经济实力，为其进一步发展创造良好的社会环境。

三、公共关系与其他相关领域的区别

🔍 案例

一位青年要追求异性，可以有许多办法。大献殷勤是一种，但这不算公共关系，而是推销；努力修饰自己的外表、展示自己的风度，也是一种，但这也不是公共关系，而是广告。如果这位青年经过周密的调研，制订出计划，并付诸实施，以自己的成绩获得他人的称赞，而且通过他人将其对自己的评判传递出去，这就是公共关系了。

思考与讨论：

你认为公共关系与广告、市场营销有什么不同？

_____

_____

_____

_____

学习笔记

(一)公共关系与广告的区别

公共关系与广告的区别见表 0-1。

表 0-1　公共关系与广告的区别

比较项目	公共关系	广告
传播目标	让别人喜欢我	让别人买我
传播原则	真实可信	引人注目
传播方式	靠事实说话,主要是新闻传播的手段	各种传播方式
传播周期	长期	短暂
所处地位	全局性	局部性
效果	间接的、不可测的,战略性的、全局性的	直接的、可测的,战术性的、局部性的

(二)公共关系与庸俗关系的区别

这里的庸俗关系是指靠平常所说的"拉关系""走后门"等建立的人际关系,它是一种非正常的、不健康的、庸俗化的人际关系。一些人对公共关系的含义理解得不够准确,认为公共关系就是关于"拉关系""走后门"的学问,这就是把公共关系误解成了庸俗关系。公共关系和庸俗关系有着本质的区别,表现在以下几个方面。

1. 两者产生的社会基础不同

公共关系是市场经济条件下的产物。在激烈的市场竞争条件下,企业从对商品的竞争转向对公众的竞争,谁拥有公众,谁就能在竞争中取胜,而对公众的竞争实质上就是企业形象的竞争。所以,塑造良好的形象、构建良好的公共关系已成为一个社会组织生存和发展的必要前提。而庸俗关系则是生产力低下、卖方市场和经济落后的表现。当经济落后、商品数量短缺时,即使劣质产品和服务往往也供不应求,公共关系还没有成为组织的需要;人们的活动范围狭小,局限于固定的地域,从而使社会关系具有浓厚的宗族关系、地域关系的性质,人们习惯于生活在熟人社会中,并对外人产生排他性,局外人想从这个关系网中分享一份利益,获得某些商品或服务,就必须与其中的某个人建立关系,"拉关系""走后门"的根源就在于此。

2. 两者代表的利益不同

公共关系将组织利益和公众利益有机地结合在一起。公共关系所追求的是组织在公众心目中的良好形象，强调通过组织的政策、行动来赢得公众的理解和支持。任何一个组织，只有在自身利益和公众利益相互协调的前提下才能得到发展，因此公共关系下的组织利益和公众利益是一致的。而庸俗关系背离广大公众的利益，所追求的是小团体特别是个人的私利，甚至为了一时的既得利益，不惜损人利己、损公肥私，危害社会和公众的利益。

3. 两者的手段不同

公共关系活动以事实为基础，利用大众传播媒介，通过双向信息交流，协调组织与公众的关系，以取得公众对组织的了解和支持，因此公共关系人员采用公开的、合法的、符合社会道德准则的手段来塑造组织的良好形象，实现组织与公众的共同利益。而庸俗关系为逃避公众舆论的谴责和法律的制裁，总是采取隐蔽的、不正当的、不合法的手段进行私下交易，通过投机钻营以达到不可告人的目的，如行贿受贿、徇私舞弊等，因此被形象地称为"走后门"。

4. 两者的性质不同

公共关系作为一种状态是客观存在的，作为一种活动是组织与公众之间的必要沟通，对于组织的生存和发展具有重要意义，因此，公共关系已成为现代组织应予重视、研究和应用的一门新兴管理学科；而庸俗关系则是一种不正之风，它损害了国家和集体的利益，我们应对其进行坚决抵制。

（三）公共关系与市场营销的区别

公共关系与市场营销既有联系，又有区别。在企业中，公共关系工作几乎与市场营销工作融合在一起。换言之，企业的公共关系工作几乎完全为市场营销活动服务。正如英国公关专家弗兰克·杰夫金斯所说："销售中的每一个因素都需要公关人员来加强、完善。"因此，公共关系可以涉及市场营销的各个方面。它们的联系主要体现在：共同的产生条件——商品生产的高度发展；共同的指导思想——用户第一，社会效益第一；相似的传播媒介——大众传播媒介；市场营销把公共关系作为组成部分。

公共关系与市场营销的区别，主要表现在以下几个方面。

1. 范围不同

市场营销更多地限于经济领域，而公共关系涉及包括企业在内的一

学习笔记

想一想

企业搞公共关系活动仅仅是为了促销吗？

切社会组织。除企业外，公共关系还涉及政府、学校、医院等，远远超过了经济领域。公共关系比市场营销有更广泛的社会性。

2. 目的不同

市场营销的直接目的是销售产品，从而进一步扩大赢利，产生效益；公共关系的目的是树立组织形象，产生良好的公众信誉，从而使组织获得长足的发展。

3. 手段不同

市场营销所采用的手段是价格、推销、广告、包装、商标、产品设计、分销等。而公共关系所采用的手段是宣传、各种专题活动，如记者招待会、社会公益活动、典礼仪式、危机处理活动等。

四、公共关系的原则

案例

2020年发生的典型公关事件之JD大受好评

JD公司仅用一天时间就将100多台通过某医学基金会捐赠给武汉某医院的制氧机运送到了武汉，引发网友一片赞誉。早一分钟送达，就可能多挽救一个生命。JD物流为驰援武汉等地开通了专用绿色通道，让物资能够快速送到。JD公司被网友们刷屏称赞。

思考与讨论：

1.JD心系医疗援助一线的行动为什么能深入人心？

_____

_____

2. 为什么该公司公关运用能成功呢？公共关系的运用有哪些基本原则？

_____

_____

(一)求真务实原则

公关工作的求真务实，即客观性、全面性、公正性，公关工作计划制订的求真务实。

(二)公众利益第一原则

第一，始终把公众利益放在首位。

第二，认真听取公众意见。

第三，提供优质服务。

第四，维护消费者权益。

第五，以公众需求为导向。

(三)互惠互利原则

第一，提供优质服务和产品，谋求与消费者的共同利益。

第二，积极参与社会服务，对公众和社会负责。

第三，有效调节组织和公众的利益平衡。

(四)全员公共关系原则

即所有公关人员，无论是对内还是对外，都要树立公关意识，立足于全员动手，紧密合作。

任务二

分析公共关系构成要素

经济全球化的趋势宣告了靠"天时""地利"创富的时代已经结束，21世纪必然是一个靠"人和"创富的时代。开放的市场经济环境需要人与人之间的交流与沟通，社会资源已经成为企业生死存亡的关键。企业生活在一张关系大网中，时时刻刻要与各种各样的公众打交道。公共关系的实质是要编织一张关系大网。

公共关系网络包含三大成员，其中，公共关系主体是社会组织，客体是公众，手段是传播沟通。因而，社会组织、公众与传播就构成了公共关系的三大要素。

技能训练

在"食为天"事件中，"食为天"公司利用一系列公关营销技巧，引起了公众的注意，提升了自身品牌的知名度和美誉度，建立了良好的公共关系。

请分析这一公关事件中所包含的公共关系要素：

1. 社会组织是谁：

2. 公众包含哪些团体：

3. 传播媒介及手段：

相关链接

一、公共关系的构成要素

公共关系由社会组织、公众、传播三大要素构成(见图0-1)。

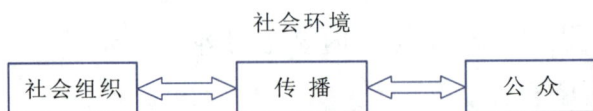

社会环境

| 社会组织 | ⟷ | 传 播 | ⟷ | 公 众 |

图0-1 公共关系要素构成图

社会组织，是指具有一定的社会职能和特定的目标的社会团体。社会组织可以从事公共关系活动，是公共关系的主体。

公众，是指公共关系的工作对象，即与公共关系主体发生关系的个人、群体和社会团体。它们是公共关系的客体。

传播，是指社会组织为了达到某个目标而运用传播媒介和传播工具与公众进行信息传递的过程。传播是沟通公共关系主客体的桥梁。

二、公众的分类

将公众分类是公共关系工作的必要前提。公共关系工作各环节都要围绕公关客体进行运作。可以从不同角度对公众进行分类。

(一)根据公众与组织的所属关系分类

根据与组织的所属关系，公众可划分为内部公众和外部公众。

1. 内部公众

内部公众指一个组织内部的各类成员，如企业中的员工、股东和董事。

(1)员工关系。

第一，如何处理好员工关系：加强双向沟通，实现信息共享；创建企业文化，增强企业内聚力；培养组织内部融洽的"家庭式气氛"；建立合理化建议制度；妥善处理与非正式群体(如文娱沙龙、兴趣小组等)的关系。

第二，组织与员工的沟通方式：企业刊物，网络，会议和公开的演讲，公告牌，组织内部的广播电视系统，员工手册及活页印刷品，给员工的信，其他活动性沟通方式。

（2）股东关系。

股东是具有特殊身份的内部公众。股东关系最重要的目标就是吸引股东，使其长期持有本公司股票。要争取广大股东成为企业的"业余公关人员"。

组织与股东的沟通方式：年度报告，年度投资者会议，股东参观组织，各类印刷品，图片说明。

2. 外部公众

非组织成员即外部公众，包含消费者公众、媒介公众、社区公众、名流公众等。

（1）顾客关系（消费者关系）。

消费者关系的目的是达成社会组织主体与消费者之间利益的和谐，在双方的共同发展过程中寻求"双赢"。

第一，如何处理好消费者关系：研究消费者需求，坚持"顾客至上"理念；提供优质产品，坚持始终如一的服务；及时妥善处理消费者的投诉。

第二，组织与消费者的沟通方式：直接的联系沟通手段，间接的联系沟通手段；消费者教育，消费者的特殊活动。

（2）媒介关系。

媒介关系也称新闻界关系，是指组织与新闻媒介的关系。新闻媒介是组织与公众联系的最主要渠道，也是组织最敏感、最重要的公关公众之一。

要处理好媒介关系应遵循以下几个基本原则：尊重新闻界的职业特点——客观性、及时性和公正性；真实主动传播组织的信息；维护组织的立场；熟悉新闻界的特点，主动、及时地提供组织的信息；提高公关人员的新闻素养；对所有媒介一视同仁。

（3）社区关系。

组织的社区公众是指与组织生活在同一个社区内的个人、群体或其他组织。

第一，如何处理好社区关系：做好与社区公众的信息沟通工作，维护社区环境，支持社区公益活动，努力使组织成为社区的骄傲。

📝 学习笔记

第二，组织与社区公众的沟通方式：通过社区传媒与公众沟通；开放组织，让社区公众参观；管理人员进行演讲；进行展览；访问社区机构；积极参与社区活动。

（4）名流公众关系。

名流公众指对公众舆论、社会生活具有较大的影响力和号召力的社会名人。

处理好名流公众关系的意义在于：借助名流的知名度与影响力；借助名流的知识和专长；借助名流的关系网络。

(二)根据公众对组织的重要程度分类

根据对组织的重要程度，公众可分为首要公众、次要公众和边缘公众。

首要公众即关系到组织生存和发展的公众，如企业内部的员工和外部的消费者。

次要公众指那些对组织的生存和发展有一定影响但没有决定性意义的公众。

边缘公众是指与组织相关，但只能间接影响组织活动的公众，如竞争对手、职工家属等。

从投入和产出效果考虑，应保证首要公众，兼顾次要公众和边缘公众。三者之间是相对的，而且是可以转化的。

(三)根据公众对组织的态度分类

根据对组织的态度，公众可分为顺意公众、逆意公众和独立公众。

顺意公众是指对组织的政策、行为或产品持赞成意向和支持态度的公众。

逆意公众是指对组织的政策、行为或产品持否定意向和反对态度的公众。

独立公众是指对组织持中间态度或态度不明朗的公众。

一个组织首先要维持并加强与顺意公众的关系；其次要做好逆意公众的转化工作，改变逆意公众的敌对态度，扩大顺意公众的队伍；最后要大力做好独立公众的沟通工作，使其向顺意公众转化。

(四)把公众作为一个过程分类

把公众作为一个过程分类，可将其分为非公众、潜在公众、知晓公众和行动公众。

非公众是指不对组织产生影响，其观念、态度和行为也不受该组织影响的公众。区分非公众可以减少公关工作的盲目性，将非公众排除在公共关系活动范围之外，可以避免浪费。

潜在公众是指组织的目标和行为已影响到的公众，这些公众本身还未意识到问题的存在，因此他们与组织的关系尚处于潜伏状态。

知晓公众是由潜在公众发展而来的，这些公众不仅面临着同一问题，而且已经意识到问题的存在。

行动公众是由知晓公众发展而来的，是指对组织的影响已做出反应，并且准备采取行动和正在采取行动的公众。

🔍 案例

一天，成群的居民冲破保安人员的阻拦，闯入日本一家化工企业的大楼。他们呼喊着、叫骂着，发泄着他们对这家化工企业的怨恨。原来这家企业下属的一个化工厂没有处理好废水问题，使许多海洋生物遭了殃，严重影响了渔民的生计。

思考与讨论：

如果这家企业的公共关系部要针对此事开展公关工作，其首要公众是谁？应如何开展公关工作？

提示：

(1)组织的公众不是单一的，而是多层次、多样化的。

(2)组织在不同时期的首要公众不同。

(3)在不同时期，组织要针对首要公众开展公关活动。

🔍 案例

某公司因年度经营业绩不佳，准备裁减部分职员。员工听说此消息后，集体罢工，以抗议公司裁员的行动。

思考与讨论：

如果此公司的公共关系部要针对此事开展公关工作，其首要公众是谁？

📝 学习笔记

技能训练

　　某餐饮公司决定在一个新建的小区旁开一家中式快餐连锁店。该餐厅将能容纳 200 人同时就餐。由于该小区地处繁华地段，附近已经有几家餐厅，其中包括一家知名快餐厅，小区周围还有一些商住楼、一个较大规模的商场。

　　1. 试分析与这家中式快餐连锁店有关系的利益群体有哪些。

　　2. 试分析这家中式快餐连锁店的内部公众和外部公众有哪些。

学习笔记

　　3. 如何确定首要公众、顺意公众、逆意公众和独立公众？他们各由哪些人员组成？

　　4. 拟写"公众分析"报告，报告内容包括：

　　(1)对内部公众、外部公众的分析，提出与之相适应的公关工作建议。

　　(2)对首要公众、次要公众和边缘公众的分析，提出与之相适应的公关工作建议。

　　(3)对非公众、潜在公众、知晓公众和行动公众的分析，提出与之相适应的公关工作建议。

任务三
· · ·

形成公共关系意识

　　形成公共关系意识，无论对个人还是组织，都有益处。公关人员应该具备哪些公共关系意识呢？

🔍 案例

博瑞德先生的一夜噩梦

博瑞德先生原定在某一饭店住一星期，可过了一夜就留了一封投诉信拂袖而去。"我房里的抽水马桶响了整整一夜，使我彻夜难眠。今早起床，我去服务台叫服务员，可谁也不管，如此状况应立即改进……"博瑞德先生留下了自己的地址。

3个月后，博瑞德先生收到该饭店的退信，一看差点气晕。饭店的退信加上了那家饭店经理的批语："把那个该死的家伙的投诉信退回去！"还配了一张铅印的类似报馆退稿单的东西："竭诚感谢您的批评指正，我们一定改进，望下次惠顾敝店……"从此，博瑞德先生逢人便诉说他那噩梦般的遭遇，为该饭店大做反面宣传。

思考与讨论：

1. 案例中的饭店经理是否具备公关人员的基本素质？他犯了什么错误？这会对饭店造成什么后果？

_____

_____

2. 博瑞德先生属于哪种公众类型？公关人员应该如何做好公众的沟通工作？

_____

_____

📖 相关链接

公关人员是专门从事组织机构公众信息传播、关系协调与形象管理事务的调查、咨询、策划和实施的人员。

公关人员应具备较好的心理素质，有良好的知识结构和实用的能力技巧，并要具备良好的职业道德，这样才能成为一名合格的公关人员。

一、公关人员的心理素质

根据公关工作的实际需要，公关人员必须具备以下心理素质：

第一，追求卓越、渴望成功的心理。

第二，易于投入、热情工作的心理。

第三，自信的心理。

第四，开朗乐观的心理。

二、公关人员的知识结构

公关人员的知识素质是指其知识结构与水平。通常公关人员所应具备的知识结构包括以下四个方面：

第一，公共关系的基础理论知识。

第二，公共关系的基本实务知识。

第三，与公共关系密切相关的学科知识。

第四，与公关对象相关的特定的公共关系知识。

三、公关人员的能力

公关人员的能力包括以下八个方面：

第一，较强的文字和口头表达能力。

第二，健全的思维能力。

第三，良好的创造能力与学习能力。

第四，较强的组织谋划能力。

第五，较强的信息采集处理能力与知识管理能力。

第六，善于与他人交往的能力。

第七，较强的自控、自制和处理危机的应变能力。

第八，正确掌握政策、理论的能力。

四、公关人员的情绪智力

(一)情绪智力的含义

所谓情绪智力指的是个人对自己情绪的把握和控制，对他人情绪的揣摩和驾驭，以及对人生的乐观程度和对挫折的承受能力，简称情商。

(二)情绪智力的内容

第一，认识自身的情绪。

第二，妥善管理情绪。

第三，自我激励。

第四，认知他人的情绪。

第五，人际关系管理。

五、公关人员的职业道德

第一，奉公守法，遵守公德。

第二，敬业爱岗，忠于职责。

第三，坚持原则，处事公正。

第四，求真务实，高效勤奋。

第五，顾全大局，严守机密。

第六，维护信誉，光大形象。

第七，服务公众，贡献社会。

第八，精研业务，锐意创新。

技能训练

同学们应该用以上对公关人员的要求，指导自己的言行，从日常学习和生活中做起。可以从以下几个方面检测自己是否初步形成了公共关系意识：性格开朗、包容；待人有礼貌，符合礼仪规范；人际关系融洽；注意形象、气质；说话语气委婉，态度文雅；处理问题有礼有节，讲究方法等。

要求：

全班分成几个小组，在小组内互相分析一下对方公共关系意识的情况，帮助对方找找原因，并提出几条改进建议。每位同学根据组内同学的建议，针对自己的公关意识、素质和能力的现状，进行自我反思，并拟写"公关意识分析及形成措施"的报告。

项目拓展训练

联系学校的一个合作企业，与其公共关系部公关人员一起工作。

1. 分析公司外部公众的特点、类别，提出有针对性的公关工作策略。

2. 对公司内部公众进行分析，提出有针对性的公关工作策略。

3. 对公司内部员工进行公关意识方面的测试，提出改进建议，并拟写公司"公关意识分析"报告。该报告以个人数据为基础，进行统计、分析，从宏观上分析公司员工的公关意识状况，并提出改进建议。

学习笔记

项目实施评价

本项目完成后，应从以下几个方面对完成效果进行评价。

1. 领悟公共关系内涵评价指标

(1)对公关事件分析准确、透彻。

(2)结合案例，对公共关系内涵、职能、原则分析准确。

2. 分析公共关系构成要素评价指标

(1)能对公共关系构成要素进行正确的区分。

(2)能对公众进行准确的分类、分析，并提出具有针对性的公关工作策略。

(3)"公关意识分析"报告内容正确，分析科学，措施合理。

3. 形成公共关系意识评价指标

(1)对公关意识的检测分析科学、严谨，具有专业性。

(2)报告结构严谨、完整、规范，语言简洁、有说服力。

(3)"公关意识分析及形成措施"的报告提出了有价值的建议。

4. 综合评价指标

(1)有一定的口头及书面表达技巧。

(2)具有较强的归纳、逻辑推理、分析能力。

表 0-2　项目评价评分表

团队名称：

评分标准		优 (4分)	良 (3分)	中 (2分)	差 (1分)
领悟公共关系内涵 评价指标	对公关事件分析准确、透彻				
	结合案例，对公共关系内涵、职能、原则分析 准确				
分析公共关系构成 要素评价指标	能对公共关系构成要素进行正确的区分				
	能对公众进行准确的分类、分析，并提出具有针 对性的公关工作策略				
	"公关意识分析"报告内容正确，分析科学，措施 合理				

续表

团队名称：		优 (4分)	良 (3分)	中 (2分)	差 (1分)
	评分标准				
形成公共关系意识 评价指标	对公关意识的检测分析科学、严谨，具有专业性				
	报告结构严谨、完整、规范，语言简洁、有说服力				
	"公关意识分析及形成措施"的报告提出了有价值的建议				
综合评价指标	有一定的口头及书面表达技巧				
	具有较强的归纳、逻辑推理、分析能力				
小组评定总分及评议：				签名：	
教师评定总分及评议：				签名：	
企业评定总分及评议：				签名：	

表 0-3　各实训团队合计实训成绩

团队名称	A 团队	B 团队	C 团队	D 团队	E 团队	F 团队
合计分数						

项 目 反 思

回顾——"公共关系认知"各任务的实施过程，出现的主要问题、难点及解决方案，谈谈自己的体会和收获。

_____

_____

_____

_____

_____

_____

_____

_____

_____

公共关系工作的基本程序包括公共关系调查研究、公共关系策划、公共关系实施和公共关系效果评估四个步骤，亦称公关的四步工作法。

公共关系调查研究，简称公关调查研究，是指组织就自我形象、公众印象、公关活动等进行调查，并对调查的信息进行统计分析、研究，用数据或文字的形式，呈现公众意见的过程。

公共关系调查研究是公关四步工作法的第一步，是组织进行卓有成效的公关活动的前提和基础。第一，它为公关活动的其他环节提供了前提条件。只有搞好了调查研究，探明了事实真相，掌握了组织的活动和政策，以及公众的认知、观点、态度和行为，确定了组织所面临的问题，公关工作其他环节才有可能卓有成效地进行下去；否则，情况不明，其他环节根本无法进行。第二，调查研究工作是一项基础性工作，贯穿于整个公关活动全过程，是开展公共关系活动的其他环节的基础。

公共关系调查研究有两个主要功能：一是收集资料，反馈信息，客观真实地反映组织的公关状态；二是分析资料，透过现象看本质，从而揭示组织公共关系的发展趋势，并据此提出加强和改进组织公关工作的策略、方法和措施。公共关系调查研究是公共关系的基础性工作，发挥着情报功能。国内外成功的大企业，一般都十分重视公共关系调查研究。

项目一
公共关系
调查研究

项目目标

知识目标

- 了解公关调查研究项目的确定依据、公关调查准备工作的要求
- 熟悉公关调查研究的程序、方法，以及整理与分析调查资料的方法
- 熟悉调查报告的结构、写作方法与要求

能力目标

- 会制定公关调查方案
- 能运用不同的调查方法，实施公关调查
- 能对调查的信息进行分析、处理，并拟写调查报告

项目描述

富室城股份有限公司(以下简称"富室城公司"),专业生产地砖、墙砖、工业用砖及卫浴产品,规模很大,品种规格齐全,信誉良好,获得国家级、省级多种荣誉。富室城公司把现代高新技术产品和东方陶瓷文化结合起来,将艺术融入人们的生活,缔造了家居文化空间、时尚商用空间及整体卫浴生活馆等灵性空间,引领行业时尚。公司产品被应用于全国数以万计的知名工程,备受消费者和装饰行业人士推崇。

公司现有组织结构包括研发部、生产部、销售部、公共关系部、质检部、物流部、人力资源部、财务部以及6个分公司。随着公司的发展,公司规模和影响力日益扩大,公司高层亟须了解本公司的组织形象、品牌形象以及公共关系现状,以便准确地对公司进行形象定位,为公司制订战略目标及实施计划。

公司公共关系部的职能是分析趋势,预测后果,向企业领导人提供决策依据,履行一系列有计划的公共关系行动,以服务于本企业和公众的利益。公司总经理指示公共关系部提供本公司公共关系的现状报告,包括公司知名度、美誉度、公众舆论情况等。要为领导决策提供准确的信息,就必须了解本公司的公共关系状况,因此公共关系部黄总监决定着手进行公共关系调查工作。

思考练习

1. 要了解一个公司的知名度、美誉度、公众印象,你认为公司的公共关系部应如何开展调查工作?调查工作的基本流程有哪些?

2. 请你帮黄总监确定一下问题:被调查者应该有哪些?调查的内容包含哪些?需要设计哪些调查的问题?

项目任务

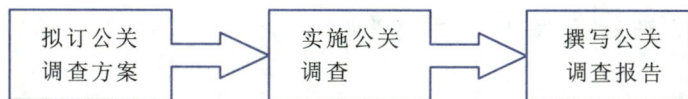

项目实施

任务一
· · ·
拟订公关调查方案

在进行公关调查前必须有全面的准备和完善的计划，即对"5W1H"的谋划。"5W1H"具体指：

Why：为什么调查？即调查的目的。

What：调查什么？即调查的内容。

Who：谁去调查和调查谁？即调查的主体和客体。

When：什么时间调查？即调查的时间选择和日程安排。

Where：在何地调查？即调查的地域范围。

How：怎样调查？即调查的方法。

"5W1H"构成了公关调查方案的主要内容。

步骤一 公关调查准备

拟订公关调查方案，先要了解公关调查需要做哪些准备工作。

案例

公共关系部总监问公关人员小王第二天的访谈调查是否准备好了。小王说："好了。我了解了调查任务、调查目的以及相关背景资料；设计了访谈提纲；选择并了解了访问对象。"总监说："还不够。"

思考与讨论：

你知道为什么总监说"还不够"吗？

_____

_____

案例

先搞清这些问题

有一家宾馆新设了一个公共关系部，设立伊始，该部就配备了豪华

学习笔记

的办公室，充足的公关人员，现代化的通信设备……但该部部长发现无事可做。

后来，这个部长请来了一位公共关系顾问，向他请教"怎么办"。这位顾问一连问了以下几个问题：

"本地共有多少家宾馆？总铺位有多少？"

"旅游旺季时，本地的外国游客每月有多少？国内的外地游客有多少？"

"贵宾馆的知名度如何？在过去 3 年中，花在宣传上的经费共多少？"

"贵宾馆最大的竞争对手是谁？贵宾馆潜在的竞争对手将是谁？"

"去年一年中因服务不周引起房客不满的事件有多少起？服务不周的症结何在？"

对这样一些普通而又很重要的问题，这位公共关系部部长竟一个也回答不出。

于是，那位被请来的公共关系顾问这样说道："先搞清这些问题，然后再开始你们的公共关系工作。"

思考与讨论：

1. 你是如何理解公共关系顾问的话"先搞清这些问题，然后再开始你们的公共关系工作"的？

2. 根据公共关系顾问的意见，该公共关系部部长应如何确定公关调查的项目及内容？

技能训练

1. 公共关系部黄总监在开展公关调查前，需要做哪些准备呢？

（1）

（2）

（3）

（4）

学习笔记

2. 根据富室城公司的现状，将公关调查需要做的准备事项中的内容列在表 1-1 中。

表 1-1 公关调查准备事项

准 备 事 项	内 容
1. 确定调查的目的和任务：确定的依据是什么？	
2. 选择调查人员：人员如何分工？	
3. 选择公关调查对象：包含公关主体、客体。	
4. 拟订调查方案：方案包含几个部分的内容？	

相关链接

公关调查的准备

第一，确定调查目标。确定调查目标即明确公共关系调查的中心和重点，为开展公关调查活动指明方向。

第二，设计主题。设计主题即确定调查选题，原则是：需要性原则、创新性原则和可行性原则。

按照选题的性质划分，公关调查选题可分为状态性选题、开发性选题和研究性选题 3 种。状态性选题是以了解社会组织所面临的公共关系状态(如知名度、美誉度等)为主旨的选题，需要回答的是"怎么样"之类的描述性问题；开发性选题是指以寻找开发方向为主旨的选题，需要回答的是"怎么办"之类的措施性问题，调查成果往往是形成一套相关的措施；研究性选题是以研究、分析公关现象之间的本质联系为主旨的选题，目的是通过资料的收集与分析，建立关于某种公关现象的理论模型，最终成果主要是理论学说。由于这 3 种选题在性质上存在差异，公关调查计划在人员要求、调查方法、时间安排以及资料处理诸方面均有所不同。具体参见表 1-2。

表 1-2 不同选题的调查侧重点差异比较

调查侧重点	状态性选题	开发性选题	研究性选题
人员要求	普通调查者	科研工作决策者	具有相关专业知识的调查者、学者
调查方法	问卷调查法、抽样调查法、民意测验法	观察法	抽样调查法、文献法

续表

调查侧重点	状态性选题	开发性选题	研究性选题
资料处理	统计法、描述法	灵感顿悟法、设想法	推理法、寻找本质联系
时间安排	公众休闲时间	公众工作、生活时	公众处于特定时空中时
调查范围	随机抽样决定	选择典型场所	非随机决定
调查工具	问卷	观察表格	调查问卷、调查提纲
经费	一般较多	较少	中等
周密程度	相当周密	灵活性、随机性较大	具有一定的随机性

第三，确定公关调查的内容。

第四，确定目标公众。

第五，确定调查时间与地点。

第六，确定调查方式和方法。

第七，制定调查预算。

能力拓展

联系学校的某一合作企业，对公司的公众形象进行一次调查。

1. 如何确定调查主题？

_____

_____

2. 选择哪些类型的公众？

_____

_____

3. 设计调查的问题。

_____

_____

> **小贴士**
>
> 公关调查项目的确定：
> 1. 根据社会组织的工作需要确定公关调查项目。
> 2. 根据公众反应确定公关调查项目。
> 3. 根据现有信息，发现和确定公关调查项目。

步骤二　拟订公关调查方案

在做好公关调查准备工作后，接下来应拟订详细的公关调查方案。

案例

富室城公司公关调查方案

一、调查目的

抓住产品市场的脉搏，传输、推广企业理念、企业文化，塑造良好的品牌形象，加强与公众的沟通，使以后的公关活动策划与实施顺利进行。

二、调查日期

1. 主要调查：2019 年 9 月 1 日～9 月 15 日；

2. 次要调查：2019 年 9 月 16 日～11 月 30 日。

要进行为期 7 天的市场调查准备工作，60 天的市场调研，确保万无一失。

三、调查内容

(一)主要调查内容

调查问题设计：

(1)您是否知道"富室城卫浴"这一传统品牌？

(2)"富室城卫浴"最受欢迎的功能和服务承诺是什么？

(3)"富室城卫浴"的消费心理价格定在多少合适？18 元、28 元、40 元？

(4)您对"富室城卫浴"产品最喜欢和最担心的各是什么？

(5)"富室城卫浴"的独特卖点是什么？您愿意购买我们的"富室城卫浴"吗？

(6)您的其他感想是什么？

(二)次要调查内容(用观察法)

调查问题设计：

(1)用户的特点调查：人口，规模，分布，构成，变动情况，城市、农村，首要公众、次要公众，地址，电话。

(2)影响用户的因素：购买力、购买特点、社会风俗、民族习惯、文化水平。

(3)用户需要调查：现实需要、潜在需要。

(4)产品在销售区是独家还是多家？用户对产品是否满意？不满意的原因是什么？

(5)价格在市场上有无竞争力？用户对价格反应如何？

(6)广告效果如何？营销策略是否妥当，效果如何？

四、调查地点

各地市场、经销点、商店。

五、调查进度

(1)9月1日～9月3日，设计主要调查问卷、调查表，策划经理负责安排，设计师主办。

(2)9月1日～9月2日，与营销部沟通，说明调查原因和重要性，与其配合搞好营销工作，共同提高销售量，索取营销部门汇编的市场资料(客户订货单、销售额、销售分布、销售损益表、库存情况、产品成本等)进行调查登记，策划经理负责安排，策划主管主办。

(3)9月3日～9月4日，用观察法，直接到市场、经销点、商店观察、拍数码照片，做行为记录调查。做好工作日记，策划经理负责安排，策划主管主办。

(4)9月3日～9月10日，用访谈法，直接与经销商，经销点、商店的相关人员，用户等进行面谈，填调查表、调查问卷，做好工作日记，策划经理负责安排，策划主管主办。

谢谢您的参与，我们非常感激，请留下您的姓名_____，地址_____，电话_____，我们将不定期为您赠送礼品或送您惊喜。

思考与讨论：

该公关调查方案包含哪些方面的内容？结构是否合理？措辞、行文是否恰当？

_____

_____

技能训练

公关人员小王负责深圳市消费者对售后服务的满意度调查这一项目，请你帮小王拟订一份调查方案，完成下面的训练。

1. 公关调查方案包含哪些方面的内容？

_____

_____

2. 如何确定公关调查的客体？选择的依据是什么？如何选择目标公众？

_____

_____

3. 确定调查时间和地点。

_____

_____

4. 确定调查方法。准备采用哪些方法进行调查？

_____

_____

5. 制定调查提纲，设计调查问卷/调查表。

调查提纲：

_____

_____

调查问卷/调查表：

_____

_____

6. 拟订公关调查方案。

_____

_____

🔍 案例

客户满意度调查表

尊敬的客户：

为了进一步了解客户对××公司产品的使用情况，我们将展开客户满意度调查工作，您的任何有价值的意见和建议都是××公司的宝贵财富，并将激励我们更加努力地工作，不断改进提高，最终为您提供更优质的产品和更满意的服务。

客户信息：

姓名：

电话：

E-mail：

单位：

地址：

邮编：

一、您购买本公司的主要产品是_____

304/2B 0.3-6.0　　　　　　304/No.1 2.0-100

316L/2B 0.5-5.0　　　　　　309S/No.1 3.0-20

二、主要应用领域是_____

石油化工　　制药机械　　食品机械　　纺织印染机械　　建筑装饰

发酵机械　　造船工业　　压力容器　　其他(请注明：　　　　　)

三、问卷

1. 您对本公司产品价格的评价是：

非常满意　　　　满意　　　　满足需要　　　　不满意　　　非常不满意

2. 您对本公司产品的数量品种的评价是：

非常满意　　　　满意　　　　满足需要　　　　不满意　　　非常不满意

3. 您对本公司的售后服务水平的评价是：

非常满意　　　　满意　　　　满足需要　　　　不满意　　　非常不满意

4. 您对本公司销售人员业务水平及言谈举止的评价是：

非常满意　　　　满意　　　　满足需要　　　　不满意　　　非常不满意

5. 您对本公司销售人员一般招待及过程服务的评价是：

非常满意　　　　满意　　　　满足需要　　　　不满意　　　非常不满意

6. 您对本公司收银人员业务水平及服务态度的评价是：

非常满意　　　　满意　　　　满足需要　　　　不满意　　　非常不满意

7. 您对本公司仓储人员业务水平及服务态度的评价是：

非常满意　　　　满意　　　　满足需要　　　　不满意　　　非常不满意

8. 您对本公司仓储人员车辆调度及仓库安全管理的评价是：

非常满意　　　　满意　　　　满足需要　　　　不满意　　　非常不满意

9. 您对本公司客户销售服务热线答复的评价是：

非常满意　　　　满意　　　　满足需要　　　　不满意　　　非常不满意

10. 您对本公司的整体感觉评价是：

非常满意　　　　满意　　　　满足需要　　　　不满意　　　非常不满意

您认为本公司的产品和服务，需要改进的地方是：

您对本公司售后服务的建议：

📝 **学习笔记**

您填写好本调查表后，可以直接投放到销售大厅意见箱内或直接邮寄给我们。

我们的地址是：

邮政编码：

E-mail：

如果您有任何问题，请拨打电话：××××××。另外，如果您有服务投诉和质量疑义，请拨打电话：××××××。

以上调查内容，也可以通过问卷星、微信号×××××发给我们。

📖 **相关链接**

一、公关调查内容

(一)对公关主体的调查

1. 对组织内部各项基本指标的调查

调查一个企业的产品产销量、生产成本、销售额、流动资金、生产能力、产品质量以及员工数量和业务水平等。

2. 对组织内部形象的调查

对这一方面的调查旨在了解组织内部的和谐度和稳定度。进行这一调查，可以使组织在好的状态下更加自信，在相对不理想的状态下重新调整自己，为在公众中树立良好的形象打下基础。

3. 对组织成员的调查

了解组织成员的工作态度、工作能力、思想意识、人格品质等个人因素，可以使组织正确把握自身的发展潜能。

(二)对公关客体的调查

1. 调查公众需求

🔍 **案例**

一位顾客说过这样一句话："说展示柜能够保鲜，但是我把一杯热腾腾的咖啡放进去，怎么保鲜呢？"这给××公司的人员以启发，他们抓紧研制，仅仅用了一个月的时间，一种新产品——"双温"展示柜就诞生了。它上面可以加热，下面可以冷藏。这种新型产品刚一推出，便销售一空。

学习笔记

思考与讨论：

本案例对你有何启发？了解公众需求对于组织有什么重要作用？

_____

_____

2. 调查组织在公众中的形象

组织只有准确把握自己在公众中的形象，才能正确给自己定位。影响组织形象的因素有很多，如产品质量、服务水平等。组织通过调查，针对不利局面及时做出调整，面对好的形势继续制定更高的目标。

🔍 **案例**

在××集团的客户服务项目中有这样一条规定，维修人员进入顾客家中维修，必须携带塑料鞋套和抹布两样东西，一进房间马上穿上鞋套，防止脚臭异味和踩脏地板；维修完成后，用抹布将脏处擦干净，再退出房间，离开前请顾客填写一张意见表。此举为××集团赢得了很好的评价。

思考与讨论：

××集团展示组织形象的方式有哪些？收到了哪些好的效果？

_____

_____

3. 社会环境调查

社会环境调查包括对国家或地方性政策法规、经济发展情况、居民消费水平、人们生活习惯、风俗等的调查，这些因素都会影响一个组织的发展。

无论是哪一类型的调查，都关系着组织的生存和发展。组织的决策者和调查者要全方位考虑，抓住每一个值得调查的课题。

二、公关调查方法

（一）问卷调查法

问卷调查法即通过发放组织设计的问卷，先由调查对象填写问卷，然后由公关调查人员进行统计分析，从而获得公众意见和态度的调查方法。

(二)观察调查法

观察调查法是调查员进入调查现场，利用感官或借助科学工具，在调查对象中直接收集信息的方法。其最大的特点是直观，且简便易行，灵活多样，是公关人员经常采用的方法。缺点是工作时间长，范围狭小，易受观察者主观因素的干扰。

(三)访谈调查法

访谈调查法就是公关人员按照预先设计好的题目，有目的、有计划地与被调查对象进行访谈，直接收集信息的方法。访谈调查法按照访谈对象的多少可以分为个别访谈和集体访谈，按照访谈的形式可以分为当面访谈和电话访谈。

(四)抽样调查法

抽样调查法是按照一定的方式，从调查总体中抽取部分样本进行调查，用样本的结论来说明总体情况的一种调查方法。常用的抽样方法有：①简单随机抽样；②分层随机抽样；③分区多级抽样；④配额抽样。

(五)文献调查法

文献调查法是在第一手资料难以得到或不够用时，利用组织内部或外部的文献资料分析所要调查问题的方法。它是一种效率高、花费少的调查方法。

三、公关调查方案

拟订调查方案是将公关调查活动以书面的形式表现出来，是公关调查计划的具体材料化。通常来说，调查方案包括以下内容：

(一)方案标题

一般由组织名称、调查内容、方案组成，如《××公司美誉度调查方案》。

(二)调查背景

调查背景是介绍此次调查活动是在什么情况下进行的，包括组织的历史背景、发展过程、现状及面对的问题或任务、发展方向等。

(三)调查目的

调查目的要说明为什么进行调查，通过调查要解决什么问题，实现什么目标。

学习笔记

(四)调查对象和内容

调查对象是指调查谁,包括调查范围的大小;调查内容是要明确调查的具体指向,即调查什么。

(五)调查准备工作

包括调查人员的培训、采用的方式、采取的形式等。

(六)调查的措施和步骤

即写明怎样进行调查,指调查具体实施的方法、调查的进度安排等。

(七)调查预算

公共关系预算的基本内容有:劳务工时报酬,咨询、培训费,行政办公费,专项资料费,专项器材费,公共关系广告宣传费,实际活动费和提供赞助费等。

小贴士

一、注意对公众需要的调查

(一)关注内部公众

成功的公共关系工作就是了解每个公众的多种需要,了解公众的优势需要,有的放矢,有效地激发公众的积极性。比如,在员工中定期进行不记名的问卷调查,特别是对员工的各种抱怨要反应敏感。具体方法是定期分发员工调查表,进行民意测验。可以向员工了解如下问题:

(1)您了解公司近来的处境吗?

(2)近来公司里什么事情使您最高兴?

(3)您工作中最讨厌的是什么?

(4)您目前最忧虑的是什么?

(5)您最近是否受到过不公平的待遇?

(6)您周围有什么不和睦的事件?是谁的责任?

(7)您对工作环境有什么不满意的地方?

(8)您认为公司应该为职工做哪些最迫切的事情?

(9)您听到什么有关公司的抱怨?

(10)您能提供哪些有益的建议?

通过分析调查结果,可把其中具有普遍意义的资料分类汇总,供组织领导参考。

（二）关注外部公众

公众意见调查要特别注意公众中的意见领袖。他们是公众中颇有影响力的人物，因消息灵通，足智多谋，或有超人的胆识和品质，或有非凡的经历，而赢得了公众的信任，逐渐形成了一定的影响力，具有了一定的权威性。由于他们的处境地位与普通公众基本一致，因此他们的意见往往能体现广大公众的意志。组织和其公关人员要尊重意见领袖，多与意见领袖交朋友，将意见领袖作为自己调查的重点，将意见领袖的意见作为调查内容的主攻方向。

二、公关调查方案的写作技巧

第一，文字简洁、明确、真实，忌华而不实。

第二，结构具有条理性，便于调查人员明确工作任务，根据方案开展调查及信息收集工作。

第三，计划具有周密性、严谨性。公关调查涉及资料收集、时间部署等操作性内容，所以，一定要注意计划的周密性、严谨性。

学习笔记

能力拓展

联系学校的某一合作企业，对该企业内部公众进行调查，调查内容为员工满意度。

1. 选择调查方法。
2. 设计调查问卷、调查表。
3. 拟写调查方案。

任务二

实施公关调查

在调查方案的实施阶段，应完成调查实施、资料收集与整理等工作。实施调查的方法有观察调查法、访谈调查法、问卷调查法、抽样调查法、文献调查法。下面着重训练观察调查法、访谈调查法、问卷调查法。

步骤一 运用观察法实施调查

富室城公司为了解卫浴新产品的销售情况，选择在某大型建材商场进行观察调查。

一、制定观察提纲

🔍 **案例**

产品销售情况观察提纲

观察目的：了解新产品的销售情况

观察地点：某大型建材商场

观察时间：　　年　　月　　日

观察内容：

(1)购买包括本产品在内的同类产品的消费者人数。

(2)购买本产品的消费者人数。

(3)购买本产品的消费者的年龄、性别特征。

(4)对本产品、公司服务的评价。

二、设计观察记录表

在观察前，需预先列出需要观察的项目和内容，并形成观察记录表。

训练：设计一份观察记录表，可参考表1-3。

🔍 **案例**

表1-3 观察记录表

观察地点：某大型建材商场

观察日期：

观察时间：60分钟

观察人：

产品类型：

产品型号：

销售情况：

消费者情况：

备注：

三、进入观察现场，做好观察记录

有了明确的观察内容后，就可以进入实际观察阶段了。在实施观察时，把观察得来的信息变成文字记录，是观察调查中的重要一环。

训练：同学分组，每组选择一个大型建材商场，对产品销售情况进行观察，并在观察记录表上做好记录。

四、在收集信息的基础上，对收集的信息进行分析、归纳，并得出结论

_____

_____

小贴士

观察调查法运用技巧

1. 以客观的态度进行观察和记录，记录时切忌带有偏见或感情色彩。

2. 利用辅助工具，如摄像、录音、照相设备等，提高观察的准确性、客观性。

3. 多组同时观察，以便互相印证，纠正偏差。

能力拓展

每组同学选择一个市场，如汽车市场，对不同品牌汽车的销售情况进行观察、记录。

步骤二　运用访谈法实施调查

富室城公司想通过调查了解员工对公司的评价、意见。为了打消员工的顾虑，特委托公关公司的公关人员组织对员工的访谈。

1. 如果你是该公关人员，访谈前需做哪些准备工作？

_____

_____

2. 请设计一份访谈提纲。

_____

_____

_____

案例

访谈提纲

访谈目的：了解员工对公司的评价

访谈对象：各部门随机挑选的 2 名员工

访谈时间、地点：_____月_____日，公司会议室

访谈问题：

（1）对公司的了解

　　你了解公司的部门组成吗？

　　你了解公司领导班子的情况吗？

　　公司的业务、主要产品和服务是什么？

（2）对公司的评价

　　对公司是否满意？若满意，为什么？若不满意，为什么？

　　对公司的人际关系有什么看法？

　　近期有一些人离开公司，另谋他就，你对此事有什么看法？

3. 进入访谈并做好访谈记录（见表1-4）。

表1-4　访谈记录表

访谈日期、时间：	访谈地点：
访谈人：	被访谈人：

访谈记录内容：

_____

_____

_____

记录人签名：

　　同学分组进行角色模拟训练，调查者2人，被调查者若干名，分别扮演公司各部门的员工。

小贴士

访谈调查技巧

　　调查者是访谈的主动一方，有责任在访谈一开始就营造良好的谈话氛围。

一、亲切善意的访谈态度

　　访谈时，要努力营造亲切友好的谈话气氛。访谈双方见面后，作为访谈的主动一方——调查者，应亲切称呼被访者，并作自我介绍，做到不亢不卑，使对方感到你的来访是善意的。另外，要向被访者说明访谈的目的、意义，取得被访者的协助和支持。

二、把握主题，善于引导

　　谈话时，应从题外到题内，等到谈话投机，再转入正题。在与被访者进行谈话时，访问者必须集中精力倾听。倘若对方离题，不要表现出不耐烦的厌倦情绪，要耐心等待有利时机，用插话的方法提出问题，引导对方把话题转到谈话的主题上来，使被访者觉得他提供的信息很有价值，乐意继续说下去。

三、提问明确，避免误解

访谈时，来访者的提问要做到言简意赅、通俗易懂，尽量少用专业术语，避免对方听不明白，产生误解。

四、准确记录谈话内容

访谈记录对资料的整理分类、对比分析至关重要。记录应围绕访谈内容进行。记录应尽可能详尽，尤其是那些开放式问题的回答和围绕主题展开的说明，更要注意记录下来。不仅要记录言语的资料，而且要把言语交流中的非言语信息，如动作、表情记录在案，这些都对分析资料有着积极的意义。记录中不要试图去总结、分析和改正语句毛病，能详细记下最好，不能详记的，可记下关键词或用符号记录，目的是帮助事后回忆。另外，不要让记录妨碍对方的谈话，不要让他觉得你未记完而停下来等你记，而打乱思路。

记录的方式有表格记录、选择答案记录、笔记记录等。如需录音或录像必须征得被访者同意。访谈结束后，要抓紧整理笔记，防止遗漏有效信息。

能力拓展

每组同学选择一个市场，如彩电市场，采取访谈调查法，设计访谈提纲及访谈记录表，对不同品牌产品的销售情况进行调查，并做好详细的记录。

步骤三　运用问卷法实施调查

富室城公司公关人员小王计划运用问卷调查法，了解公众对公司新产品的反馈情况。

1. 请你替小王设计问卷的标题。

_____

_____

2. 拟写说明信。

提示：

说明信即在问卷上给被调查者的短信，交代调查者的信息，调查的目的、意义等。

_____

_____

🔍 **案例**

尊敬的用户：

您好！为更好地为您提供服务，本公司公共关系部特开展了"了解市场、了解用户"的调查活动，请您在百忙中花些时间填写本问卷。我们将在问卷中抽出 100 名中奖者，赠送本公司的精美纪念品。

填写本问卷不记姓名，我们也会对所填内容给予保密，请您放心真实地填写。

谢谢您的支持与合作。

××公司公共关系部

填写人通信地址：

电话：

3. 请你替小王设计问卷中的问题。

(1) _____

(2) _____

(3) _____

🔍 **案例**

一、封闭式问题

1. 您的年龄是（　　）岁。

2. 您居住的省份是（　　）。（省、自治区或直辖市）

3. 您家里有几口人（　　）。

二、选项式问题

您的文化程度是（　　）。

A. 小学及以下　　　　　　　　B. 初中

C. 高中及同等学力　　　　　　D. 大专及以上

三、开放式问题

1. 您认为我们的产品的主要优点有哪些？

2. 您认为我们的产品的主要缺点有哪些？

四、半封闭半开放式问题

您对我们厂的产品满意吗？

A. 满意　　　　　B. 一般　　　　　C. 不满意

请说明理由：

小贴士

1. 调查问卷中的"说明信"应消除被调查者的顾虑，说明一些鼓励、激励手段，如赠送礼品等，以争取他们的支持与配合为原则。

2. 说明信的语言应简明、谦虚、诚恳。

3. 使用整齐、规范的版式，使问卷一目了然、美观大方。

4. 问卷最多不超过25个问题。冗长的问卷容易使被调查者厌烦，影响答卷的质量。

5. 问卷底部留出空间，用以被调查者填写补充说明。

6. 为防止答卷的偏差，问卷设计人员应预先自行答卷。

能力拓展

每组同学选择一个市场，采取问卷调查法，设计问卷调查表，对不同品牌产品的销售情况进行调查。

任务三

撰写公关调查报告

公关调查是公关调查研究的基础，公关调查报告是公关策划的基础。调查报告是经过深入细致的调查后，将调查中收集到的信息加以系统整理、分析研究，以书面形式向组织汇报调查情况的一种文书。

调查报告的写作实质上是公关调查者对调查所获信息的一种高级处理过程。这一过程包括两个阶段：第一，整理、分析、处理所收集的信息资料，提炼出有关观点；第二，选择运用有关信息资料，撰写公关调查报告。

步骤一　整理、分析、处理调查资料

整理、分析调查资料阶段也称为研究阶段。它是运用科学的方法，对资料收集阶段收集得来的各种调查资料进行整理、提炼，并加以分析、研究的信息处理过程，是公共关系调查从感性认识到理性认识的飞跃阶段。它能为解答组织的公共关系问题提供参考，为制定企业经营和发展战略提供依据。

案例

××集团的母亲座谈会

××集团通过召开母亲座谈会，广泛了解消费者的需求。他们针对中国儿童食物缺少微量元素造成儿童营养不均衡及影响身体发育的现状，在食品中加进一定量的微量元素，如锌、钙和铁等，使产品具有极大的吸引力，受到中国母亲的青睐。于是，××婴儿营养米粉等系列产品迅速走进千千万万中国家庭。

思考与讨论：

1. 你是如何理解和评价××集团公关调查的方法的？

2. 座谈会以后，××集团采取了哪些后续的处理办法？你从中受到哪些启发？

技能训练

1. 对前面训练中的观察记录表的调查资料，进行整理、统计、分析。

（1）

（2）

（3）

2. 在收集信息的基础上，对访谈收集到的信息进行分析、归纳、提炼。

（1）

（2）

（3）

学习笔记

相关链接

公共关系调查资料的分析与应用

(一)对公共关系三度的分析

公共关系三度是指通过调查所掌握的知名度、信誉度与美誉度。这是说明一个组织公共关系形象的具体指标。知名度表示社会公众对组织知晓和了解的程度，信誉度表示社会公众对组织的信任程度，美誉度表示社会公众对组织的赞誉程度。公共关系三度反映了社会公众对组织的总体态度和评价。

组织在进行了公共关系调查之后，可根据三度对其形象进行评价，以确定自身的形象地位，找出存在的问题，为制订公共关系计划提供翔实的资料。

(二)对组织形象的内容分析

对公共关系三度的分析，可以概括出一个组织的总体形象。而总体形象则依据公众对组织具体工作的评价，即依据组织形象的具体内容进行分析。

(三)对形象差距的比较分析

将组织的实际形象与自我期望形象进行比较，通过"形象要素差距图"进行分析，揭示两者之间的差距。

小贴士

1. 品牌是企业最重要的资产之一，体现了企业的形象。品牌的竞争力强，顾客对其有更高的认知度和忠诚度，企业将有可能减少营销成本，获得稳定的利润来源。

2. 企业形象与品牌影响力的全面提升，在于在用户与潜在用户心中营造自身品牌与众不同的印象。这需要对媒体、公众、经销商等各方面做进一步的沟通管理，需要在年度的品牌管理进程中随时考虑品牌沟通的层次，并进行科学的公众调查分析与信息的论证。

能力拓展

之前学生运用观察、访谈、问卷的方法进行调查收集了一些数据，请对这些数据进行整理、分析、归纳、提炼。

步骤二　撰写公关调查报告

公关调查报告的撰写过程是调查研究活动继续和深化的过程，也是对整个调查研究工作总结和验收的过程。

在对前面训练任务中所收集的信息进行整理、分析、归纳、提炼的基础上，撰写公关调查报告。

一、公关调查报告的标题

案例

单标题：《大学生合理消费的调查报告》。

双标题：《合理消费——××大学调查报告》。

标题也可不用"调查报告"字样，用一般文章题目形式，可拟成《大学生应该养成合理消费的好习惯》。

标题要交代清楚调查的内容。

二、公关调查报告的结构及内容

扉页。包括调查报告的标题，执行调查的机构、人员，报告完稿日期。

摘要。摘要是调查报告极其重要的部分，应当用清楚简洁概括的语言，扼要地说明调查的主要结果，详细的论证应放在正文中。

引言。对调查的时间、地点、对象、范围做必要的交代，并提出研究的背景及目的、研究的方法等。

主体。具体叙述调查内容，列举事例和数据，并做科学的议论和分析，提炼出观点。主体是表现调查报告主旨的关键部分。

提示：在材料的安排上，主体部分要把调查得来的大量材料整理归纳出若干条目，采用小标题式写法，要注意层次清楚，条理分明。有的可按问题的几个方面或几个问题并列来安排材料，即采用"横式结构"；有的可按事情发展的顺序来写，即采用"纵式结构"。

结尾。结尾是调查报告的结束语，可做归纳性说明或总结全篇的主要观点；也可指出存在的问题，提出结论和建议。

附录。访问的提纲、问卷、观察表的设计，以及调查的记录、资料等。

学习笔记

小贴士

1. 调查报告的基本要求

一份优秀的调查报告,应具备下列条件:

(1)报告语言简洁、有说服力;

(2)报告必须以严谨的结构将调查过程中各个阶段收集的有关资料汇集在一起;

(3)调查报告应该对调查活动所要解决的问题提出明确的结论或建议;

(4)调查报告应该能让读者了解调查过程的全貌。

2. 撰写调查报告的注意事项

(1)务必使报告所包括的全部项目都与报告的宗旨有关;

(2)仔细核对全部数据和统计资料;

(3)充分利用统计图、统计表来说明和显示资料;

(4)按照每一个项目的重要性来决定其篇幅的长短和强调的程度。

学习笔记

能力拓展

1. 对前面市场调查所形成的初步调查报告,进行修改和完善。

2. 采用多种调查方法,对班级管理水平进行调查,对所收集的调查信息进行整理、分析和提炼。

要求:设计好各种调查表格,实施调查,并且做好记录,对信息进行分析,拟写调查报告。

项目拓展训练

联系学校的一个合作企业,与其公共关系部沟通,与其公关人员一起进行公关调查。

1. 确定调查的项目和主题。

2. 确定调查时间、地点、人员分工、经费预算。

3. 拟订公关调查方案。

4. 确定调查方法,拟订调查提纲。

5. 设计调查问卷、调查表、记录表等。

6. 实施调查。

7. 分析、处理调查信息。

8. 撰写调查报告。

📜 **项目实施评价**

本项目完成后，应从以下几个方面对完成效果进行评价。

1. 拟订公关调查方案评价指标

(1)文字简洁、明确、规范。

(2)内容真实，结构具有条理性。

(3)计划安排周密、严谨。

(4)方案具有科学性、专业性与可操作性。

2. 实施公关调查评价指标

(1)调查方法的多样性和科学性。

(2)访谈提纲、调查问卷等表格的完整性与专业性。

(3)观察、访谈记录的完整性与真实性。

(4) 实施调查的流程、步骤清晰、科学、合理。

3. 撰写公关调查报告评价指标

(1)报告语言简洁、有说服力。

(2)报告结构严谨、完整、规范。

(3)对数据、信息的分析科学、严谨，具有专业性。

(4)具有说服力强的结论，提出了有价值的建议。

4. 综合评价指标

(1)访谈时能体现语言表达技巧。

(2)深入市场调查能吃苦耐劳。

(3)具有较强的归纳、逻辑推理、分析能力。

表 1-5　项目评价评分表

团队名称：		优 (4分)	良 (3分)	中 (2分)	差 (1分)
评分标准					
拟订公关调查方案评价指标	文字简洁、明确、规范				
	内容真实，结构具有条理性				
	计划安排周密、严谨				
	方案具有科学性、专业性与可操作性				
实施公关调查评价指标	调查方法的多样性和科学性				
	访谈提纲、调查问卷等表格的完整性与专业性				

续表

团队名称：

评分标准	优 (4分)	良 (3分)	中 (2分)	差 (1分)
	观察、访谈记录的完整性与真实性				
	实施调查的流程、步骤清晰、科学、合理				
撰写公关调查报告评价指标	报告语言简洁、有说服力				
	报告结构严谨、完整、规范				
	对数据、信息的分析科学、严谨，具有专业性				
	具有说服力强的结论，提出了有价值的建议				
综合评价指标	访谈时能体现语言表达技巧				
	深入市场调查能吃苦耐劳				
	具有较强的归纳、逻辑推理、分析能力				

小组评定总分及评议：　　　　　　　　　　　　　签名：

教师评定总分及评议：　　　　　　　　　　　　　签名：

企业评定总分及评议：　　　　　　　　　　　　　签名：

表 1-6　各实训团队合计实训成绩

团队名称	A 团队	B 团队	C 团队	D 团队	E 团队	F 团队
合计分数						

项 目 反 思

　　回顾本学习项目——"公共关系调查研究"各任务的实施过程，出现的主要问题、难点及解决方案，谈谈自己的体会和收获。

_____

_____

_____

_____

_____

策划是人的理智行为，是为求得某一活动的成功而预先做好的策略构思。公共关系策划是对公共关系整体战略与策略的规划。

公共关系策划，就是公共关系人员根据组织自身形象的现状和目标要求，分析现有条件，对公关活动的主题、手段、形式和方法等进行构思和设计，制定最佳公关活动方案的过程。

英国公共关系专家弗兰克·杰夫金斯提出了策划公共关系工作方案的六点模式：①评价现状；②确立目标；③确定公众；④选择传播媒介和方法；⑤预算；⑥估价结果。公共关系策划从过程上看，主要包括确定目标、设计主题、分析公众、选择公关模式和策略、选择媒介、确定活动方式和安排、公共关系费用预算以及确定方案、审定方案等方面的内容。

项目二
公共关系策划

项目目标

知识目标

- 了解公关活动的类型
- 熟悉公关活动策划的基本程序、方法
- 掌握主题设计、创意和构思的基本原理

能力目标

- 会根据对目标公众的分析，确定公关模式和策略
- 能运用不同的思维方式进行策划
- 会制定公关策划方案

项目描述

　　富室城公司将迎来 40 周年纪念日。为进一步扩大对公众的影响，公司决定利用周年庆典这一契机，通过一系列有效的公共关系活动，改善企业内部的人际关系和企业外部的社会舆论及关系环境，加强与社会各界包括政府部门、经销商、代理商、消费者、媒体的感情沟通，塑造企业良好的品牌形象和社会形象，提升公司的整体实力。为此，公司决策层决定举办隆重的周年庆典活动。

　　公司周年庆典活动由公共关系部承办，公关部黄总监紧锣密鼓地着手准备周年庆典活动的策划、组织、实施等一系列工作。首先，公司公关部开展了一系列市场调查活动，包括公司形象的调查(公司知名度、美誉度、首选度调查)、公众舆论调查、公司开展公共活动条件的调查(包括公关活动主体的人力、财力情况，开展公关活动的规章、规定要求，活动场地、设备)等。

　　然后，公关部在对调查的数据和信息进行分析的基础上，着手策划周年庆典活动。公关部黄总监要先确定公关活动的目标和主题，再确定公关活动的形式、时间、地点、人员分工、经费等一系列问题。

思考练习

1. 你认为富室城公司决定举行 40 周年庆典活动的意义何在？
2. 如果你是公关部黄总监，你应该如何策划公司的庆典活动？策划方案包括哪些方面的内容？

项目任务

确定公关目标和主题 ➡ 选择公关模式和策略 ➡ 策划专题公关活动方案

项目实施

任务一

确定公关目标和主题

　　公关活动目标是期望的公关活动成果。没有明确的公关活动目标，公共关系策划就无从谈起。因此，在公关策划前，必须先确定公关活动所要达成的目标。

步骤一　确定公关活动目标

公关活动目标是经过公关人员的专业策划，开展各类公关活动所期望达到的一种目的或结果，也就是组织通过公关活动，准备"做什么"和"要取得什么成果"。

技能训练

请分析富室城公司 40 周年庆典活动的目标有哪些。

1. _____
2. _____
3. _____
4. _____

相关链接

一、公关活动目标的内容

公关活动目标是一个复合系统，内容包括：

第一，提高组织知名度、信任度和美誉度。

第二，使组织与公众保持沟通，并完善沟通渠道。

第三，依据社会环境的变化趋势，调整组织的行动。

第四，妥善处理公关活动中的纠纷。

第五，帮助组织提高产品及服务的市场占有率等。

二、公关活动目标的类型

(一)长期目标

长期目标是关于组织发展的战略目标。它的时间跨度通常在 5 年以上，对组织的发展起长远的指导作用，是方向性的奋斗目标。

(二)中期目标

这是将组织公共关系长期目标所提出的基本任务进行分析所形成的目标，时间跨度一般为 2～5 年。组织依据中期目标指导和开展公关工作。

学习笔记

(三)短期目标

短期目标是指年度目标，是组织公关活动在一年内的工作计划和要达到的标准，对组织在一年中的各项具体公关活动起着指导作用。

(四)具体目标

这是组织针对各项具体问题而开展的专题公关活动所制定的目标。组织为达到与公众沟通的目的，经常会开展一些专题公关活动，如召开一次新闻发布会，处理一次突发的危机事件，开展一项公益活动等，必须制定各项具体目标以指导活动的顺利开展。

公共关系策划所依据的目标越具体越明确越好，如以下几种：

第一，开辟新市场、推销新产品或服务之前，向新市场所在地的公众宣传组织的情况，提高组织及其产品的知名度。

第二，参加社会公益活动，并向公众宣传组织，增加公众对组织的了解和好感。

第三，创造一个良好的消费环境，在公众中普及同本组织产品或服务有关的消费方式、生活方式。

第四，争取政府对本组织的性质、发展、产品质量、需要得到支持的情况有所了解，并给予一定的支持。

第五，处在竞争或危机之中，通过各种适当的方式，争取有关公众的支持。

三、公共关系策划的原则

(一)实事求是原则

实事求是是公共关系策划的一条最基本的原则。

(二)尊重公众原则

尊重公众原则，是公共关系策划的首要原则。尊重公众并不是要组织完全牺牲自身利益，而是要求组织在考虑自身利益与公众利益的关系时，始终坚持把公众利益放在首位，更多地为社会做出贡献。

(三)系统整合原则

系统整合原则，是指从系统的整体与部分之间相互依存、相互制约的关系中，揭示系统的特征及其运动规律，实现整体最优。

(四)独特创新原则

公关活动的策划要具有创新性，新颖、独特。

小贴士

公关活动目标的确定

1. 确立目标，是一个有机的系统工程。目标从时间上可分为长期目标、中期目标和短期目标；从规模上可分为战略目标和战术目标；从目的上可分为传播信息目标、沟通感情目标、改变公众态度目标、引起行为目标等；从作用形式上可分为进攻型目标、防守型目标；从性质上可分为一般目标和特殊目标。

2. 目标的确立要符合确定性、具体性、可行性、可控性四个要求。

第一，目标应明确、具体。明确是指目标的含义必须十分清楚、单一，不能使人产生多种理解；具体是指所提出的目标是可直接操作的，有明确的内容和任务要求，而不是泛泛的、抽象的口号。比如，"把本厂新产品的销售量从现在的 20％ 提高到 50％" 的目标要比 "提高产品销售量" 的目标明确、具体得多。

第二，目标的提出要具有可行性和可控性。所谓目标的可行性，是指确立的目标要现实，既不能太高，也不能太低，经过一定的努力可以达到。所谓目标的可控性，是指所确立的目标要有一定的弹性，要留有充分的余地，以备条件变化时能灵活应变。

能力拓展

你所在的学校要与合作企业开展一次联谊活动，请你策划活动方案。

要求：确定活动的目标。

步骤二 设计公关活动主题

确立公关活动的目标后，就必须对公关活动的主题进行设计。公关活动的主题是对公关活动的高度概括，是按照公关活动的目标，通过活动的内容、形式等元素来表达，并予以传播的活动的中心思想。任何一项公关活动都必须主题鲜明，主题是活动的灵魂。主题设计得是否精彩、准确、恰当，对公关活动的成效影响很大。

公关活动主题的表现方式是多种多样的。

第一，它可以是一个口号，也可以是一句陈述或表白。比如，日本精工计时公司为使精工表走向世界，利用在东京举办奥运会的机会，进行了以 "让世界人都了解精工计时是世界第一流技术与产品" 为目标的公关活动，活动的主题是 "世界的计时——精工表"。再如，广州首届杰出青年评选活动的口号是"建功立业，服务社会"。

第二，主题的表现形式也可以是活动的名称，如"教育基金百万行"活动，旨在唤起社会关心教育、支持教育，主题鲜明，贯穿于整个活动过程中。

第三，主题的表达也可以是一段精辟的文字。这种表达方式最典型的是一些企业所表达的经营理念。

技能训练

请为富室城公司 40 周年庆典活动设计公关活动主题。

1. _____

2. _____

3. _____

相关链接

一、公关活动主题的提炼

一个优秀的主题设计应符合下列基本要求。

(一)主题要与目标相一致

目标是期望的活动成果，主题是活动传播的信息，两者是一项活动的要素在不同角度的不同表现形态。因此，公共关系活动的主题与目标应是一致的。例如，广州为了宣传自身形象，借举办全国运动会之机，开展以"微笑在广州"为主题的全民文明礼貌推广活动。这一活动就做到了目标(宣传广州形象)与主题相一致。

(二)主题要富有特色

特色就是鲜明的个性，是指有别于其他活动的特性。如果主题千篇一律，策划就不会成功。公共关系活动应该具有创新性主题，表述公关活动主题的信息要独特新颖，表述要有新意，词句能打动人心，具有强烈的号召力。

(三)主题设计既要适应公众的心理，又要促进公众心理的进步

北京在迎接 2008 年奥运会期间开展了许多主题活动，如文明礼貌活动、绿化活动等，这些活动都包含了对公众行为的适应性和促进公众心智进步的设计。要取得这个效果，就需要策划者在主题设计过程中仔细构思。

(四)主题要易于传播

主题可以隐含在活动之中,或是在活动的各项内容中表达出一个基本概念,如"微笑在广州"的系列活动。主题还可以通过吉祥物、标志、主题歌、标语等多种有形或无形的方式表现出来。无论主题以什么形式表现,都必须具有易于传播的特性。主题设计应简明扼要,易于记忆。

二、公关活动的创意与构思

(一)创意

创意是表现主题、实现目标的具有创造性的主意,是创造性思维的最高形式。创意是策划的核心内容。公共关系活动的震撼性源于创意的力量。

1. 创意的主要特征

(1)创意是对主题创造性的发展。创意既要保持与主题的一致,又要精彩地表现主题。

(2)创意要与策划的基本要素相适应,具体表现为社会因素(包括政策法律)的适应性、公众心理的适应性、时间的适应性和文化的适应性。

(3)创意是一个吸纳、提炼的创造性劳动过程。创意的产生主要建立在透彻了解要素相互关系的基础之上。再者,如果没有吸纳各种社会资讯、各种经验,就不会有创意产生。

(4)创意必须具备鲜明的个性,个性特征是创意的核心。

2. 创意策划的步骤

(1)收集原始资料。一般策划者应该对各方面的资料具有浓厚的兴趣,善于了解各学科的信息。原始资料犹如一个万花筒,万花筒内的材料数量越多,组成的图案就越丰富。策划者掌握的原始资料越多,越容易产生创意。

(2)仔细阅读理解所收集的原始资料。策划者对收集到的全部资料,包括专业的资料、一般性的资料、实地调查资料,以及头脑中积累的资料,都应逐一整理、琢磨、消化。

(3)创意出现。创意往往会在费尽心思、苦苦思索,经过一段停止思索的休息与放松之后出现,这时最关键的是要抓住随时出现的灵感。

(4)对萌发的创意进行修改、补充、锤炼、提高。这是创意的最后一个阶段。一个创意在初期萌发时,肯定不会很完善,这就需要策划者充分运用所掌握的专业知识予以完善，最好将创意提交创意小组去"品头论足"。

(二)构思

公共关系活动构思过程是艰苦的脑力劳动过程，需要运用多种思维方式。

1. 元素重组思维

元素重组思维是构思的基本方法之一，它通过把旧有元素重新组合，激发策划者的联想，促成新构思的产生。在执行项目策划时，可以把个案原有的策划元素重新进行组合，从而产生新策划的构思。

2. 发散辐集思维

发散辐集思维，实际是两种思维方式——发散思维和辐集思维。在公共关系活动策划过程中，这两种思维通常会组合运用。发散思维是指对一个问题，从不同的方向、不同的方面进行思考，从而找出解决问题的答案的思维方法。这种思维方法可以使人的思考更加灵敏、快捷，思路更加开阔。运用发散思维不仅能起到举一反三的作用，而且有利于探索解决问题的多个方案。但值得注意的是，运用发散思维未必能够找到最合理的答案。因此，在公共关系活动策划工作中要把它和辐集思维组合起来运用。

辐集思维是与发散思维相对应的思维方法。辐集思维要求将已有的一些构想或事实作为起点，把各种信息聚合起来，按照一定的逻辑标准，沿着归一的方向进行推导，集中向某一个中心点，从而找出满意的答案。这一方法的特点是把遐想于千里之外的思路牵引回来，集中力量在某一条思维线上发动思维攻势，进而解决问题。

3. 联想思维

联想思维是通过事物之间的关联、比较，扩展大脑的思维活动，从而获得更多创造性设想的思维方法。例如，鲁班在伐木时，被带小锯齿的丝茅草划破了手脚皮肤，从而联想到锯树、锯木头的方法，发明了锯子，这就是联想思维的应用。

联想不是一般的比较思考，而是由此及彼、由表及里的思考的深化。联想思维要克服两种事物在意义上的差距，把它们联结起来，发现某些事物的相同因素或相互联系，从而揭示出事物的本质。

在策划过程中，运用得较多的联想思维方式有以下几种。

(1)接近联想。即把时间和空间上接近的事物联系起来，如由日落联想到日出，由水联想到船，由庆祝活动联想到唱歌、跳舞。

（2）类比联想。即把具有相似特征的事物联系起来，如由敲锣打鼓联想到喜庆活动，由春天联想到新生的事物。

（3）对比联想。即把具有相反特征的事物联系起来，如由黑暗联想到光明，由晴天联想到雨天，由成功联想到失败。

（4）因果联想。即基于事物的因果关系而形成联想，如假设户外活动会下雨，就要考虑准备防雨的雨伞或雨棚。

（5）自由联想。即不受任何限制地、随意地联想，这种方式有时也能激发创造性的思维，多用于头脑风暴式会议。

（6）急骤式联想。这种方式多用于会议，由会议主持人提问，规定与会者在短时间内迅速回答问题。比如，主持人提问"晚会"，与会者迅速回答"唱歌、舞蹈、相声……"这种方法往往会带来创造性的意见。

4. 逆向思维

逆向思维是指在公共关系活动策划构思的时候，运用事物由因到果、由前至后的发展关系，以及作用到反作用的转化原理，采用逆向思维，以达到认识的深化或获得新的认识或构思。例如，科学家发明冷藏工艺，就是运用逆向思维形成的。科学家分析，既然细菌可以在高温下被杀死，食物可以通过煮沸而保存；那么，细菌会不会在低温下停止活动呢？食物会不会在冷却的过程中保鲜呢？逆向思维促成了电冰箱、冰库及其他冷藏工艺的应用。

在策划过程中，这样的例子也屡见不鲜。一般来说，人们感到冷了才会购买寒衣、棉被，可以据此推测：寒衣、棉被在热天就不能销售了。策划者的考虑恰恰相反，他们研究如何促成人们在热天也购买寒衣、棉被，于是用减价、扩大广告宣传等方式，促成了人们夏天购买寒衣、棉被的热潮。

三、选择公关策划的时机

公关活动主题确定后，公关策划必须对公关最佳时机进行策划。公关时机的策划与选择很重要，直接关系到公关效果。时机选得好，公关工作将会收到事半功倍的效果；如错过最佳公关时机，公关工作将事倍功半，可谓"机不可失，时不再来"。公关策划常利用的时机有：

第一，组织开业、更名或合并之际。

学习笔记

第二，组织推出新的服务项目或新产品之际。

第三，组织快速发展但声誉尚未传播，或者获得新的荣誉之际。

第四，组织出现失误或遭受误解，或遭遇危机事件之际等。

小贴士

一、创意的误区

创意是富有感染力、震撼力和认同感的艺术。只有建立在实事求是、周密调研、精心策划的基础上，创意才能产生理想的效果。但也有一些组织的创意进入误区。具体表现在：

1. 片面追求功利。开展创意活动急功近利，每个步骤、项目都以经济上合算不合算为标准，不关心社会效果和整体利益。

2. 盲目追随仿效。一味跟风，盲目求热。看到其他组织的创意好，就对开展创意活动产生过高的期望，不考虑本组织的实际情况。

3. 一味追求轰动效应。为提高自身的知名度，哗众取宠，名不副实，结果形成泡沫效应。

二、创意策划的大忌

1. 违背公众利益、社会公德和国家政策法规。

2. 不利于塑造组织形象。

3. 单纯为了营利。

4. 组织目标定位不明确。

5. 计划不成熟，组织预警系统不健全。

能力拓展

联系学校的某一合作企业，为企业策划新产品发布会活动方案。

1. 确定新产品发布会活动的目标。

_____

_____

_____

2. 确定新产品发布会活动的主题。

_____

_____

_____

3. 主题是如何体现创意的？

_____

_____

_____

任务二

· · ·

选择公关模式和策略

在确定公关活动的目标、主题后，接下来就进入分析和确定公众、确定活动形式、选择传播媒介、选择公关模式和策略的阶段，为下一步拟订公关策划方案打好基础。

步骤一 分析和确定公众

任何一个组织都有特定的公众，公共关系工作是以不同的方式针对不同的公众展开的。因此，确定与组织有关的公众就成为公共关系策划的基本任务。

确定公众一般分为两个步骤：第一，鉴别公众的权利要求和需求；第二，对公众对象的各种权利要求进行概括和分析，找出哪些是公众的共性要求，哪些是公众的特殊要求，然后，根据不同公众的特点，选择并制定公关策略、公关活动方案。

🔍 案例

××酒店的故事——希望第八次再看到您

清晨，一名漂亮的服务员微笑着和我打招呼："早，杨先生。""你怎么知道我姓杨？""杨先生，我们每一层的当班服务员要记住每一个房间客人的名字。"

我退房离开的时候，服务员刷卡后把信用卡还给我，说："谢谢您，杨先生，真希望第八次再看到您。"原来那是我一天当中第七次去。

从此以后，我对这家酒店的印象非常好。3 年过去了，我再没去过泰国。有一天我收到一张卡片，是酒店寄来的："亲爱的杨先生，3年前的9月16日您离开以后，我们就没有再看到您，公司全体上下都想念得很，下次经过泰国一定要来看看我们。"下面写的是"祝您生日快乐"。原来那天是我的生日。

我当时热泪盈眶，以后，我又多次到泰国，当然，每次都住在这家酒店。

思考与讨论：

1. 在本案例中，杨先生属于哪一类公众？酒店是如何根据公众特点，做好日常公共关系工作的？

_____

_____

2. 在本案例中，××酒店充分考虑了公众的要求，并且根据公众的特点和要求，严格要求员工为顾客提供最好的服务，给顾客留下美好的印象，并且用心地从细节出发，收到了非常好的效果。你从中受到了哪些启发？

_____

_____

技能训练

公关部策划公司40周年庆典活动，必须对公众进行分析。

1. 此次庆典活动针对的公众包括哪些？

_____

2. 公关活动针对的顺意公众、潜在公众和首要公众包括哪些？

_____

_____

相关链接

一、各类公众的期望与要求

各类公众的期望与要求见表2-1。

表 2-1 各类公众的期望与要求

公司的公众对象	公众对象对公司的期望与要求
员工	就业安全和适当的工作条件；合理的工资和福利；培训和晋升的机会；社会地位、人格尊重和心理满足；不受上级专横对待；有效的领导；和谐的人事关系；参与和表达的机会等
股东	参加利润分配；参与股份表决和董事会的选举，了解公司的经营动态；优先试用新产品；有权转让股票；有权检查公司账目；增股报价；资产清理；有合同所确定的各种附加权利等
顾客	有产品质量保证；公平合理的价格，优良的服务态度；准确解释各种疑问；完善的售后服务；必要的产品技术资料及增进消费者信任的各项服务，必要的消费培训和指导等
竞争者	遵守由社会或本行业确立的竞争活动准则；平等的竞争机会和条件，竞争中的相互协作等
协作者	遵守合同；平等互利；提供技术信息和支持，为协作提供各种优惠和方便，共同承担风险等
社区	提供适当的就业机会，保护社区环境，关心和支持当地政府的工作；支持文化和慈善事业，赞助地方公益活动，以财力、人力、技术扶助地方小企业的发展等
政府	保证各项税收，遵守各项法律、政策，承担法律义务，公平竞争，保证安全等
媒介	公平提供消息来源；尊重新闻界的职业尊严；提供参加公司重要庆典等社交活动的机会；保证记者采访的独家新闻不被泄露；提供采访的方便条件等

公共关系策划时可根据公关目标，传播的内容，公众职业习惯、受教育程度、生活方式和接收信息的习惯、经济承受能力等诸因素，进行比较和选择。

二、公众心理定式

公众心理定式指在人们的心理活动中，先前的心理活动所形成的状态，对后续的心理活动所具有的决定作用和定向趋势，也称心理惯性。

(一)首因效应

在人的心理活动中第一印象非常重要，具有持续影响人的认知活动的效应。

(二)晕轮效应

晕轮效应是指从对象的某种特征推及对象的整体，从而产生美化或丑化对象的印象，也称光环效应。

例如，公众总是愿意到装饰豪华、规模宏大的商场购买商品，是出于"大店无假货"的印象。

美国心理学家戴恩·伯恩斯坦曾经做过一项实验，给参加实验的人一些人物相片，这些相片被分为有魅力、无魅力和一般魅力三种。让参

想一想

组织应该如何开展公关工作，塑造良好的组织形象，给公众留下深刻的第一印象呢？（写出具体的措施和办法）

想一想

1. 组织的每个因素都会通过晕轮效应在公众心中留下影响整体的印象和评价。晕轮效应理论对企业公关工作有何指导作用？

2. 运用晕轮效应心理规律，应该采取哪些具体的措施和办法开展公关工作？

加实验的人评定相片中人物几项与外表无关的特征，如婚姻、职业状况、社会和职业上的幸福等。结果，几乎在所有特征上，有魅力的人都得到最高的评价，仅仅因为长得有魅力，就被认为具有所有积极肯定的品质。这就是晕轮效应。

(三)刻板效应

在人们头脑中存在的关于某一事物对象的固定印象，被称为刻板效应。

例如，教授常被认为是白发苍苍、文质彬彬的老人；南方人往往被认为是聪明伶俐、随机应变的；北方人则被认为是性情豪爽、胆大正直的等。

(四)移情效应

我国古代就有"爱人者，兼其屋上之乌"之说，这就是移情效应的典型表现。意思是说，因为爱一个人而连带爱他屋上的乌鸦。后人用"爱屋及乌"形容人们爱某人之深，情及和这个人相关的人和事。心理学中把这种对特定对象的情感迁移到与该对象相关的人或事物上的现象称为移情效应。

组织自觉地利用移情效应心理规律进行公关活动的例子举不胜举，请明星做代言人就是典型的例子。再如，在公关活动中，公众往往会因组织的一次热情服务、一件如意的产品而对组织形象和组织的其他行为产生移情效应。

三、公众心理

(一)时尚心理

例如，"动感地带——我的地盘，我做主"，就是一个捕捉人的时尚心理的典型案例。因此，预测流行、制造流行、领导流行、出奇出新——满足时尚心理，是制定公关策略的基本法则。

(二)暗示心理

暗示心理是以间接含蓄的方式对人产生影响的心理过程。

例如，在寂静的影院里，只要有六七人同时回头观看，很快就会使全体观众回头观看。

再如，酒店开张，虽然只有30%的住客率，却让90%的客房灯火通明，可以给行人留下生意兴隆的暗示。

(三)从众心理

从众心理指当个体受到群体的影响(引导或施加的压力)时，会怀疑并改变自己的观点、判断和行为，朝着与群体大多数人一致的方向变

想一想

运用刻板效应心理规律，应该采取哪些具体的措施和办法开展公关工作？

想一想

运用移情效应心理规律，应该采取哪些具体的措施和办法开展公关工作？

化。也就是指个体受到群体的影响而怀疑、改变自己的观点、判断和行为，以和他人保持一致。这就是人们通常所说的"随大流"。

例如，某些商业广告就是利用人们的从众心理，把自己的商品炒热，从而达到销售目的的。又如，有些震撼人心的大事会引起轰动效应，致使群众竞相传播、议论、参与。

小贴士

公众的多维性

公众是多维的，企业的公众不仅包括与企业发生直接业务往来的团体和个人，而且包括与企业并行的竞争者、与企业居于同一空间的社区公众，超然于企业之外的政府部门以及进行信息传播活动的大众媒介机构——新闻单位等。公众相互作用、相互制约，共同构成企业的经营环境。

社会公众对企业不仅可以产生直接影响，而且可以通过作用于其他公众而产生间接影响。所以，公共关系的信息采集应该是多维的和全面的。企业的决策，必须在综合分析多方公众信息的基础上做出。

能力拓展

富室城公司为进一步提高公司的知名度和美誉度，准备开展一项赞助活动。请你为该公司策划一个活动方案。

要求：

第一，确定活动的目标、主题。

第二，公关活动选择哪些公众？请对公众进行分析及选择，根据不同公众的特点，制定公关策略。

步骤二　确定活动形式

在确定了公关活动的目标、主题，选择了公众后，就必须确定公关活动的具体形式。

技能训练

富室城公司此次赞助活动拟安排哪些具体的庆祝活动呢？

🔍 **案例**

"北京之夜"晚会活动

在确定主题之后，需要对活动的各项构成元素，包括场景、内容、形式、程序、气氛、布置物(道具)等进行设计，使这些元素成为阐述主题的语言。

"北京之夜"晚会，目标公众是年轻人。那么，晚会就可以包含如下构成元素：场景是北京的古建筑、长安街的灯光、北京的夜景、三里屯的酒吧街风情、央视标志、国家大剧院等。

活动形式：年轻人喜爱的流行音乐、小品、相声。餐饮食品包括北京烤鸭、冰糖葫芦、北京水蜜桃、燕京啤酒等。总之，在活动的场景、内容、形式、程序、气氛、布置物上都要运用最能体现北京风味的表达元素，以烘托主题。

小贴士 ❋

正确选择公关活动时机

选择公关活动时机要注意以下几点：

1. 要注意合理避开或巧妙利用重大节日或纪念日；

2. 要注意合理避开或巧妙利用国内外的重大事件；

3. 要注意不宜在同一天或同一时间段内同时举行多项重大活动，以免效果相互抵消；

4. 要注意组织内外环境的变化，灵活选择公关活动时机。

公关活动技巧

公关活动技巧是在公关活动过程中表现出来的独创性、灵活性、思想性的结合。

公关活动要注意以下几点：

1. 使活动紧扣目标、主题；

2. 吸引公众，使活动在公众心目中留下深刻的印象；

3. 扩大活动的影响力；

4. 借助有利条件，避开不利因素，以防发生意外事故；

5. 活动过程井然有序。

能力拓展

富室城公司为进一步提高公司的知名度和美誉度，准备开展一项赞助活动。在前面的能力拓展部分，已经完成了确定活动目标、主题，选择公众等任务。

要求：确定公关活动的形式、时间、地点、参加人员。

步骤三　选择传播媒介

在确定公关活动的时机、活动内容和形式后，就可以着手选择传播媒介。

技能训练

前面所策划的富室城公司40周年庆典公关活动，应选择哪些传播媒介呢？

请为富室城公司选择传播媒介：

_____

_____

相关链接

一、传播媒介的类别

第一，印刷类传播媒介——报纸、杂志、书籍。

第二，电子类传播媒介——用电子技术传递信息的媒介，如电视、电影、广播等。

第三，网络传播媒介——为现代公共关系发展提供了全新的传播工具。

二、选择传播媒介的原则

第一，根据公共关系工作的目标要求选择传播媒介。

第二，根据传播内容选择传播媒介。

第三，根据传播对象选择传播媒介。

第四，根据媒介的特点选择传播媒介。

第五，根据成本情况选择传播媒介。

三、传播媒介特点比较

一些传播媒介特点比较见表2-2。

表2-2　一些传播媒介特点比较

种类	优点	缺点
报纸	覆盖面广，可选择；易保存；较周详	受文化水平限制；不够迅速及时
杂志	读者群稳定，易保存；图文并茂	受文化水平限制；周期长
广播	迅速、及时，传播面广，制作简单，费用最低	存储性差，缺乏形象性
电视	真实感强，多媒体，综合效果强，感染力强	成本高，不易储存
网络	覆盖面广，传播面广，传播迅速，多媒体，综合效果强	存储性差，不易于反复研读

🔍 **案例**

2020年发生的典型公关事件之小铃铛由"网灰"变网红

小铃铛被教育部选中作为给小学生上网课的平台，一时间小铃铛成了被网课支配的孩子们的出气筒。当得知App的评分低于一星就会被下架时，小学生们更是集体"出征"，疯狂打一星，小铃铛App的评分从4.9一路跌至1.6。面对新增长的年轻用户，小铃铛采用了"求饶"的方式，表示"相识是一场缘，不爱请别伤害""我还是个5岁的孩子"，用卖萌、可怜的形象向打一星的用户求好评。随后小铃铛推出了《甩铃歌》等一系列B站风格的视频。在视频里，小铃铛用最软的态度唱出了最硬的事实，建构起品牌与B站的强关联度，成为B站网红，成功拉升了品牌在年轻人中的好感度，小铃铛的评分也就回暖了。

思考与讨论：

1. 为什么小铃铛从"网灰"变成网红？

_____

_____

2. 为什么该公司公关运用能成功呢？公关活动应该如何进行公众分析和媒介选择？

_____

_____

小贴士

选择媒介的技巧

1. 与组织活动目标相适应。如组织活动目标是提高知名度，则可选择大众传播媒介。

2. 与公关传播内容相一致。如内容简单的快讯可选择广播媒介，形象生动的内容可选择电视媒介等。

3. 适用于公众对象。如对出租车司机可用广播，对教师可用报刊，对老年人、儿童可用电视，对青年人和少年儿童可适当使用网络媒介。根据公众对象的职业、年龄、受教育程度、生活方式以及接收信息的习惯，使用不同的传播媒介，使信息有效地传递给目标公众。

4. 与组织经济条件相符。成功的公共关系策划应"量身定做"，选择适当的媒介与方式，争取以最少的支出取得最好的效果。

能力拓展

在你为富室城公司的赞助活动进行策划的过程中，请为赞助活动选择传播媒介，并论述媒介选择的理由和依据。

学习笔记

步骤四　选择公关模式和策略

公关模式是指由一定的公共关系目标和任务，以及与此相适应的一整套工作方法所构成的具有某种特定公共关系功能的有机系统。公关策略是指组织根据环境的状况及自身的变化，所采取的公共关系行为方式。

技能训练

富室城公司策划的 40 周年庆典公关活动，应选择哪些公关模式和策略呢？

请为富室城公司选择并确定公关模式与策略：

_____

_____

相关链接

一、公关模式

常见的公关模式包括以下几种。

(一)宣传型公关

以运用各种传播媒介向外传播信息为主,目的是迅速地将组织的有关信息传播出去,形成有利于自己的社会舆论。其具体形式有召开新闻发布会、新产品发布会,进行广告宣传,印发宣传资料等。

(二)交际型公关

以人际交往为主,目的是通过人与人的直接接触,深化交往层次,为组织广结良缘,创造与公众的亲密气氛。其方式包括社团交际和个人交际,如举行工作餐会、宴会、招待会,进行专访、慰问、接待参观、电话沟通,致亲笔信函等。

(三)服务型公关

以提供各种实惠的服务工作为主,目的是以实际行动获得社会公众的好评,树立组织的良好形象。其方式有提供售后服务、便民服务、咨询服务等。

(四)社会型公关

以各种社会性、赞助性、公益性的活动为主,组织通过对社会困难行业的实际支持,为自己的信誉进行投资。其主要形式包括:举办开业庆典、周年纪念活动,主办传统节日庆祝活动,主办电视晚会,赞助文体、福利、公益事业,救灾扶贫等。

(五)征询型公关

以采集信息、调查舆论、收集民意为主,目的是通过掌握信息和舆论,为组织的管理和决策提供依据。其具体形式有建立信访接待制度、进行民意调查、建立热线电话、收集报刊资料等。征询型公关是一项日常的工作,要坚持不懈地进行下去,才会取得好的结果。

二、公关策略

公关策略包括以下几种。

(一)建设型公关

建设型公关是指组织为开创新局面在公共关系上做出努力。通过这种努力,使公众对该组织及其产品、服务有一种新的感觉,产生新的兴趣,从而直接推动组织事业的发展。

这种模式的主要功能是提高知名度,因而特别适用于组织的开创阶段或新产品的首次推出。建设型公关的主要特点在于创新、开拓。具体的方法有举办开业典礼、新产品展销、免费试用、招待参观、开业折价酬宾、赠送宣传品等。当然，还需要公关人员不断开发一些新的活动形式来吸引公众。但是，取得公众支持，不只是为了引起其注意，最根本的还是要宣传自身内在的服务质量。因此，建设型公关要运用得恰当，并注意分寸。

(二)维系型公关

维系型公关是指组织通过各种传播媒介，比较平淡地持续传递信息，使组织长时期对公众起潜移默化作用，维持与公众的良好关系。

具体的方法如保持一定的见报率，长期在高大建筑物上树立企业名称、标志或商标巨型广告；分发服务性、信息性的邮寄品；逢年过节进行专访、慰问；给老关系户适当的优惠或奖励等。

(三)防御型公关

所谓防御型公关，就是在组织出现潜在危机(或不协调)时，为防止自身公共关系失调而采取的一种公共关系策略。

采取防御和引导相结合、以防御为主的策略，能敏锐地发现本组织公共关系失调的前兆和症状，及时采取措施调整自身的政策和行为，促使其向有利于良好公共关系的方面转化。方法主要是：采用调查、预测手段，了解潜在危机，提出改进方案。

🔍 案例

为持续提升客户满意度，××汽车有限公司宣布主动召回××××年至××××年生产的 A 车型 333 678 台。

了解到一些 A 车型车辆在低速下发动机熄火的反馈后，公司承诺将在5月前出台解决方案。××××年5月20日，公司公布了解决方案——发布了发动机标定升级软件。虽然只有少数 A 车型车辆出现此现象，但是公司还是积极主动安排专职的客服专员为出现问题的 A 车型车主服务。

思考与讨论：

1.××汽车有限公司自揭"家丑"，是否与公共关系的原则相矛盾？你是如何理解该公司汽车召回行为的？

✎ 学习笔记

2. 某些车企在遇到汽车质量问题时藏掖、隐瞒乃至哄骗，试分析这两种公关策略分别会带来什么后果，防御型公关的意义体现在哪些方面。

(四)进攻型公关

所谓进攻型公关，是指组织与环境发生冲突、摩擦的时候采取以攻为守的策略，抓住有利时机和有利条件变换决策，迅速调整，改变对原环境的过分依赖，创造新的环境和新的机会。进攻型公关的特点是：内容形式新颖，能迅速吸引有关公众的注意和兴趣，可迅速提高本组织的信誉度与知名度。

(五)矫正型公关

矫正型公关，就是采取措施来纠正因主客观原因给本组织带来的不良影响(风险或严重失调)，恢复本组织被损害的良好形象和信誉的公共关系方式。

组织的形象与声誉遭受损害的情况有两种：一种是由于外界的某种误解，甚至是人为的破坏；另一种是由于组织内部不完善或过失。对前者，公关部门应迅速查清原因，公布真相，澄清事实，采取措施来消除损害组织形象的因素。对后者，应迅速采取行动，与新闻界联系，控制影响面，平息风波。只有内部及时纠正、弥补，才能尽快使公众恢复信任，使组织重新树立良好形象。

📖 能力拓展

在你为富室城公司的赞助活动进行策划的过程中，请为赞助活动选择公关模式和策略，并论述公关模式和策略选择的思路、理由。

小贴士 🐚

公关策划应注意的问题

公关策划是公关人员通过调查研究和综合分析，确立公关目标，制定公关活动方案与战略的过程。具体讲要注意以下两个问题：

1. 遵循公关策划原则

一是服务公众原则。使公众对组织产生良好的印象，进而为组织的生存发展创造有利的内外环境。二是求真务实原则。组织不能隐瞒事实真相，更不能弄虚作假。三是连续与创新原则。良好的组织形象不是靠一两次成功的公关活动就能永久维持的。因此，一项完善的公关活动策划，不仅要考虑一次活动的效果，还要关注该次活动在组织整体发展链条上的衔接作用，把公关活动的阶段性和连续性有机地统一起来。

2. 把握公关策划环节

公关活动策划，通常要求同时设计两三种思路各异的方案，便于比较鉴别，做好论证分析。

可行性分析，即评价不同的行动方案在人力、物力、财力等条件的约束下是否合理、可行。

预期效果和潜在问题的分析。预期效果综合评价，即对公共效益和社会效益的评价。风险预测，即对潜在问题进行分析，预测方案在实施时可能遇到的风险和可能带来的负面效应。

优化方案。根据既定目标，从各种可供选择的行动方案中择优选用。

任务三

策划专题公关活动方案

公关策划方案是以书面文字形式确定下来的策划者头脑里的构思和创意。所有的灵感和创意都将在策划方案中被具体细化为可供实施的方法和步骤。

公关工作要抓住一切时机来扩大组织的影响。组织的公关活动一般来说可分为两种类型：一种是日常公关工作；另外一种是向公众传递信息、引起媒介注意、提高组织知名度和美誉度的"公共关系特别节目"，这些"特别节目"就是公共关系专题活动。

下面着重训练拟订几种常见的专题活动方案，如庆典活动、新闻发布会、赞助活动等。

步骤一　拟订庆典活动方案

庆典活动是组织利用自身或社会环境中的有关重大事件、纪念日、节日等所举办的公关专题活动，包括开业或周年庆祝、新设施奠基、开幕式等活动。通过庆典活动，组织可以渲染气氛，强化影响力；也可以广交朋友，广结良缘。成功的庆典活动还可能具有较高的新闻价值，从而进一步提高组织的知名度和美誉度。

技能训练

在前面的训练中，同学们策划了富室城公司 40 周年庆典活动方案中的一系列内容，包括确定活动的目标、主题，选择公众、媒介、公关模式和策略等内容。

请完成以下训练任务：

1. 列出庆典活动前的准备工作：

(1) _____

(2) _____

(3) _____

2. 设计庆典活动的流程：

(1) _____

(2) _____

(3) _____

3. 编写活动经费预算书。

4. 在完成前面的训练任务的基础上，撰写庆典活动方案。

案例

表 2-3　新闻发布会费用预算

序号	项　目	规　格	数　量	单　价	金额(元)
1	印制请柬、信封	19cm×11cm	100 个	15 元/套	1 500
2	请柬邮资		100 封	1 元/封	100
3	电话联络费				500
4	场租	可容纳 100 人			3 000
5	投影机租用费	1 500 流明	2 台	2 500 元/台	5 000
6	自助餐费		100 人	150 元/人	15 000
7	新闻稿撰写				3 000

续表

序号	项　目	规　格	数　量	单　价	金额（元）
8	资料袋印制		100 个	15 元/个	1 500
9	文印资料		150 份	30 元/份	4 500
10	拍照				3 000
11	纪念品		100 份	100 元/份	10 000
12	服务费				8 000
13	税收（10%）				5 510
14	合　计				60 610

资料来源：中国就业培训技术指导中心组织编写．公关员（中级　高级）．北京：中国劳动社会保障出版社，2006：73.

相关链接

一、庆典活动的准备工作

（一）确定来宾及发放请柬

来宾组成：政府部门工作人员、地方实力人物、知名人士、新闻记者、社区公众代表、客户代表或特殊人物等。总之，来宾要具有一定的代表性。

（二）设计庆典活动程序

一般程序：主持人宣布开典；介绍来宾；组织的重要领导或来宾代表讲话；安排参观活动；安排座谈或宴会；重要来宾留言或题字。

（三）落实致辞人和剪彩人

致辞人和剪彩人分己方人员和客方人员。己方人员为组织最高负责人，客方人员为德高望重的知名人士；选择致辞人和剪彩人应征得本人同意。

（四）编写宣传材料

列出庆典主题、背景、活动内容等相关材料，将材料装在特制的包装袋内发给来宾。对记者，还应在其材料中添加较详细的资料，以方便记者写作新闻稿件。

（五）安排庆典活动的接待工作

设置接待室。对所有来宾，都应热情接待，耐心服务；对重要来宾，要由组织领导亲自接待；他们的签到、留言、食、宿均应由专人负责。

二、编制公关活动经费预算

(一)编制预算应注意的问题

1. 公关预算要以公关实际需要和公司经济承受能力为准则

要根据实际需要做预算,考虑到本公司的实际承受能力,使预算真正切实可行。

2. 公关预算要留有余地

应随形势变化而改变公关的重点和方向,故预算时应设置临时费用,以备不时之需。此外,预算时还应考虑到一年内或一段时间内人工费、物价等因素的变化,适当留有余地。

3. 专款专用

公关有关拨款的预算是以完成预定目标为依据的,故其预算拨款仅能用于公关活动,其他部门或事项不可随意留用。

(二)预算项目的组成部分

第一,劳务报酬。包括公关人员及相关人员的业务报酬。

第二,行政管理费。如房租、水电费、电话费、办公费等。

第三,传播媒介费。包括在报纸、杂志、广播、电视、网络等媒体上做宣传的费用。

第四,器材费。包括用在各项印刷品、纪念品、摄影设备和材料、美工器材、电视录像设备、展览设备和用品等上的费用。

第五,实际活动费。如举办记者招待会、召开座谈会、举办大型活动的费用,组织展览和参观费,以及其他应酬费、赞助费及人员活动费。

第六,其他应急或机动费用。

学习笔记

小贴士

撰写公关策划方案应注意的问题

1. 阅读、理解各种相关材料

对收集的资料做细致的汇集与梳理,消化、理解,并恰当运用。

2. 拟订策划提纲

撰写策划文案关键是拟定创意构思的要点和提纲,有了提纲,思路、条理会更清晰。

3. 充实内容

在提纲右边设置一个提要栏，把提示语句、说明写在提要栏上，并逐步充实内容。

4. 集中精力撰写

正式动笔前要充分酝酿、打好腹稿。动笔时，最好集中精力，一气完成，保证思路、灵感不被打断。

5. 修改提炼

写好方案后不要急于定稿，要反复推敲、修改。可将写好的方案暂且放置一边，第二天或稍过一段时间再拿出来，反复阅读、修改。古人称这种方法为"出入观省"。

能力拓展

联系学校的一个合作企业，根据企业需求，为企业策划一次庆典方案，如周年庆典、开幕式、闭幕式等的方案。

步骤二　拟订新闻发布会方案

新闻发布会，又称记者招待会，是组织根据自身的某种需要，邀请有关新闻单位的记者、编辑、主持人以及社会听众，宣布某一消息，并接受参加者提问的一种特殊会议。它是公关人员与新闻界联络的重要形式，是一种极具影响力的公共关系活动。

技能训练

富室城公司新产品"环保型卫浴系列"即将面世，公司拟召开新闻发布会，为新产品上市做宣传。请策划该活动，并撰写活动策划文案。

要求完成以下训练任务：

1. 列举新闻发布会前的准备工作。

2. 设计新闻发布会流程。

3. 列举新闻发布会后的工作。

学习笔记

4.在完成前面的训练任务的基础上，撰写新闻发布会策划方案。

_____

_____

_____

📖 **相关链接**

一、新闻发布会会前准备工作

(一)确定新闻发布会日期、地点、新闻点等

与希望发布事件日期相配合，促进自身对外宣传，挖掘新闻点，制造新闻效应，注意避免与重大新闻事件撞车。该步骤应在正式新闻发布会前20天，最迟前15天完成，并在邀请函发出前预定会场，以免影响下一步工作。

(二)确定组织者与参与人员

包括广告公司、领导、客户、同行、媒体记者等。选聘主持人、礼仪人员和接待人员，并进行培训和预演。

(三)及时邀请

按照邀请名单，分工合作发送邀请函和请柬，确保重要人员不因组织安排不周而缺席发布会。回收确认信息，制定参会详细名单，以便下一步安排。

该步骤一定要计划周密，由专人负责，适当放大邀请名单，对重要人物实施公关和追踪，并制定备用方案，确保新闻发布会参与人员的数量。

(四)布置任务

拟订详细邀请名单、会议议程、时间表、发布会现场布置方案等。购买礼品，设计展板，布置会场，准备宣传资料，应充分考虑每一个细节，如音响和放映设备、领导的发言稿、新闻通稿、现场的音乐选择、会议间隙时间的余兴安排等。制定意外情况补救措施。正式发布会开始前一到两小时检查一切准备工作是否就绪，将会议议程精确到分。

(五)做好费用预算

一般包括印刷费、通信费、场地费、交通费、租用器材费、摄影费、礼品费、会场布置费、嘉宾食宿费等。

二、新闻发布会程序

发布会程序通常为来宾签到，贵宾接待，主持人宣布发布会开始和会议议程，按会议议程进行答记者问、新产品展示、讲座及论坛、产品洽谈、会后聚餐交流等。

三、新闻发布会会后工作

第一，整理发布会音像资料，收集会议剪报，制作发布会成果资料集（包括来宾名单、联系方式整理，发布会各媒体报道资料集，发布会总结报告等），作为企业公关部资料保存，并可在此基础上制作相应的宣传资料。

第二，监控媒体发布情况，评测新闻发布会效果，收集反馈信息，总结经验。

小贴士

新闻发布会的注意事项

1. 所发布的信息必须准确无误，若发现错误应及时更正。

2. 新闻发布会在进行过程中，应始终围绕着会议主题进行。这就需要会议的发言人和主持人配合一致，相互呼应。如当记者的提问离主题太远时，主持人要能巧妙地将话题引向主题，发言人通过回答问题将话题引到会议的主题上来。

3. 遇到回答不了的问题时，应告诉记者如何去获得圆满答案，不可不计后果随意说"无可奉告"或"没什么好解释的"，这会引起记者的不满和反感。

4. 不要随便打断或阻止记者的发言和提问。即使是记者带有很强的偏见或进行挑衅性发言，也不要激动和失态，说话应有涵养，切不可拍案而起，针锋相对地进行反驳。

能力拓展

选择学校的一个合作企业，在校园内举行一个该企业新产品上市的新闻发布会，如"绿色健康"饮品新闻发布会。请策划活动方案，并拟写文案。

步骤三　拟订赞助活动（公益活动）方案

赞助活动（公益活动）指组织以不计报酬的方式，出资或出力支持某一项社会活动、某一项社会事业，以取得一定的形象传播效果的社会活动。

🔍 **案例**

"低碳生活"绿色公益行动策划方案

一、项目背景

活动时间：××××年6月～××××年9月

习近平在2019年中国北京世界园艺博览会开幕式上的讲话中指出，我们应该追求人与自然和谐，我们应该追求绿色发展繁荣。

二、活动主题

从身边小事做起，倡导低碳、绿色生活。

三、活动目标

聚集环保公益人士，在全社会形成环境保护意识，培养"低碳减排·绿色生活"观念。

四、公关策略

1. 借助世界环境日等重大事件，策划公益活动。

2. 借助多种传播媒介，吸引公众。

五、活动形式

1. 发出"低碳减排·绿色生活"的倡议，播放绿色公益行动宣传片。

2. 世界无车日倡导骑自行车、搭乘地铁、搭乘公交，身体力行三种绿色出行方式，沿途派发"低碳减排·绿色生活"手册。

六、效果评估

1. 吸引海内外几十位社会名流免费参与，打造名流公众的社会影响力。

2. "低碳、绿色出行"理念迅速普及，"绿色生活"迅速成为受关注的环保公益行动和社会热点。

思考与讨论：

该策划方案成功之处在于哪些方面？结构、内容有何特点？

_____

_____

✍ **技能训练**

富室城公司为进一步提升社会形象，为地震灾区赞助建材、卫浴产品，为灾区的重建工作尽一份力量。公关部将策划并撰写该活动方案。

要求完成以下训练任务：

1. 写出开展赞助活动的程序。

_____

_____

2. 拟订赞助活动的计划（含赞助目标、主题、对象、形式、传播方式、活动具体实施方案、经费预算等）。

_____

_____

3. 在完成前面的训练任务的基础上，撰写赞助活动方案。

_____

_____

📝 学习笔记

📖 相关链接

一、赞助活动的目的

提高企业的知名度、树立企业在社会公众中的美好形象，是企业生存和发展的重要条件。以此为目的的公共关系赞助活动，是实现这一条件的有效手段。赞助活动的目的主要有四个：

第一，出资赞助社会公益事业，为企业经济效益的提高创造良好社会大环境。故赞助以提高社会效益为重要目的。

第二，关心和支持社会公益事业，表明企业作为社会的一员，为社会做出了贡献，从而树立了企业的良好形象。故赞助以承担企业的社会责任和尽义务为主要目的。

第三，证明企业的经济实力，赢得社会公众的信任，谋求社会公众的好感。故赞助以增进感情的融通为主要目的。

第四，赞助活动可以扩大企业知名度，使之成为公共关系广告，增强企业商业广告的说服力和影响力。故赞助以扩大影响为主要目的。

二、赞助活动的主要对象

(一)体育事业

企业赞助体育事业不仅可以带动人们进行体育锻炼，而且可以最大限度地提高企业的知名度。

(二)文化事业

企业赞助社会文化事业，不仅有助于公众培养情操，提高民族文化素养，而且可以大大提高企业美誉度和企业社会效益。

(三)教育事业

教育事业是百年大计，赞助教育事业体现了企业对社会的责任，也为企业提供了长期发展的后备力量。

(四)社会福利和慈善事业

为社会分忧解难是企业的义务。赞助社会福利和慈善事业，是企业谋求与政府和社区两大公众的最佳关系的手段。

三、开展赞助活动的程序

(一)调查研究，确定对象

企业的赞助活动可以自选对象，也可以按被赞助者的请求来确定。但无论赞助谁、赞助形式如何，企业都应进行深入细致的调查研究。特别需要指出的是，企业的赞助活动，必须是社会公众乐于支持的事业和最需要支持的事业，一般选择非营利机构作为赞助对象。另外，调查研究应该以经济效益和社会效益的同步增长为依据，重点分析投资成本与效益的比例，量力而行，保证企业与社会共同受益。

(二)制订计划，落到实处

企业的赞助活动应是有计划的公共关系的一部分。在调查研究的基础上，赞助计划应具体详尽。

(三)完成计划，争取效益

在制订计划的基础上，企业应派出专门的公共关系人员实施赞助方案。在实施过程中，公共关系人员要充分利用有效的公共关系技巧，营造出企业内外的"人和"气氛，尽可能扩大赞助活动的社会影响。

(四)评价效果，以利再战

对每一次公共关系活动的效果，都应该做出客观的评价，这样可为以后的赞助活动打基础。

学习笔记

小贴士

赞助活动的注意事项

1. 企业的赞助活动，应以企业和企业所面对的社会环境为出发点，制定切实可行的公共关系策略，切忌盲目。企业应将赞助计划列入企业的长期计划，分清所需赞助事业的轻重缓急，逐步实施，量力而行。

2. 企业应将公共关系政策公之于众，应保持与被赞助者和活动组织者之间的联系，用经费预算的应捐款项，及时帮助被赞助者。另外，被赞助的活动或团体，要有利于本企业的生存与发展。

3. 企业的公共关系部应随时关注社会赞助的供求状况，做到灵活掌握赞助款项。

4. 在无力赞助的情况下，要注意处理好与请求赞助者的关系，要有应变方案，否则会直接影响企业的形象。

能力拓展

选择一个大型社区，由学生会、团委组织一次"进社区阳光行动"。同学们利用自己的专业技能为社区居民服务，包括汽车保养咨询、电器维修、钟表维修、电脑维修、中医药保健咨询、绘画摄影等便民服务。

要求：策划并撰写该活动方案。

项目拓展训练

联系学校的一个合作企业，与企业的公共关系部沟通，与公关人员一起进行系列公关活动的策划及方案的撰写。

1. 外部公关总体方案。列出年度要进行的专题公关活动的计划，包括目标、主题、举办时间、主要形式、公关模式及策略。

2. 内部公关方案。以"构建企业文化，推动企业融合"为目标，具体包括各种内部公关活动方案。

3. 专题公关活动方案。新产品发布、庆典、联谊、赞助等活动的公关活动方案。

项目实施评价

本项目完成后，应从以下几个方面对完成效果进行评价。

1. 确定公关目标和主题评价指标

学习笔记

(1)目标具有可行性、可操作性。

(2)主题独特新颖，突出活动特色，与目标一致。

(3)主题设计适应公众，生动形象，便于传播。

2. 选择公关模式和策略评价指标

(1)能根据不同的情况制定具有针对性的公关模式。

(2)公关策略具有可行性、科学性和可操作性。

(3)能在公关活动中灵活运用公关策略。

3. 策划专题公关活动方案评价指标

(1)公关策划方案思路清晰、有创意。

(2)方案的内容充实、语言精练。

(3)结构严谨，完整，规范。

4. 综合评价指标

(1)具有新颖、独特的思维能力。

(2)具有较强的文字表达能力。

表 2-4　项目评价评分表

团队名称：					
评分标准		优 （4分）	良 （3分）	中 （2分）	差 （1分）
确定公关目标和主题评价指标	目标具有可行性、可操作性				
	主题独特新颖，突出活动特色，与目标一致				
	主题设计适应公众，生动形象，便于传播				
选择公关模式和策略评价指标	能根据不同的情况制定具有针对性的公关模式				
	公关策略具有可行性、科学性和可操作性				
	能在公关活动中灵活运用公关策略				
策划专题公关活动方案评价指标	公关策划方案思路清晰、有创意				
	方案的内容充实、语言精练				
	结构严谨、完整、规范				
综合评价指标	具有新颖、独特的思维能力				
	具有较强的文字表达能力				
小组评定总分及评议：				签名：	
教师评定总分及评议：				签名：	
企业评定总分及评议：				签名：	

表 2-5　各实训团队合计实训成绩

团队名称	A 团队	B 团队	C 团队	D 团队	E 团队	F 团队
合计分数						

项 目 反 思

回顾本项目——"公共关系策划"各任务的实施过程，出现的主要问题、难点及解决方案，谈谈自己的体会和收获。

学习笔记

完成公共关系策划之后，就进入实施阶段。公共关系实施是指在公共关系策划方案被采纳以后，把方案内容变为现实的过程。公共关系活动的类型较多，本项目侧重于专题公关活动实施的学习。

公共关系工作程序的第四步就是对公共关系活动效果的总结评估。公共关系评估，就是根据特定的标准，对公共关系的策划、准备、实施以及实施效果进行检查、评估和判断的过程。

项目目标

知识目标

- 掌握组织公关活动筹备工作的内容
- 熟悉公关活动实施的基本程序、方法
- 了解公共关系评估的内容和方法

能力目标

- 会做工作结构分析，会绘制工作分解结构图
- 能组织实施公关活动
- 会运用多种评估方法，对公关活动效果进行评估，并撰写评估报告

项目描述

　　富室城公司将隆重举行 40 周年庆典活动。公司公关部进行了充分的调研，全公司上下集思广益，最后公关部以独特的创意，设计、策划了庆典活动，并且提交了活动方案。方案内容包括：活动的目标、主题，公众的分析与选择，媒介的选择，公关模式、策略，活动的形式、经费预算等，策划方案已获公司领导层批准。

　　公关部着手庆典活动的组织、实施等一系列工作。首先要做好确定场所、项目任务分解与管理、人员分工、项目进度安排、资料准备等筹备工作。一切准备就绪后，才能组织实施庆典活动，并做好实施过程的监控、协调工作。

　　庆典活动结束后，应该采用多种评估方式、方法，包括自我评估、公众评估、专家评估等，对此次周年庆典活动效果进行总结和评估。

思考练习

　　1. 你认为公司 40 周年庆典活动实施前，要做哪些方面的准备工作？具体内容、要求有哪些？

　　2. 在公司庆典活动实施过程中，有哪些具体工作？如何做好实施过程的监控、协调工作？

项目任务

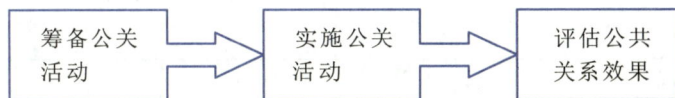

筹备公关活动　→　实施公关活动　→　评估公共关系效果

项目实施

任务一

筹备公关活动

　　公共关系实施的好坏决定了公共关系计划能否实现，以及实现的程度和范围。公共关系实施是解决问题的中心环节，实施的结果是后续方案制定的重要依据。

公关活动的筹备是公关实施的首要和关键环节。凡事预则立，不预则废。活动筹备是有效地协调各项工作、推动各项工作顺利进行的最重要的工具，是活动成败的关键性因素之一。抓住这个环节，就可以提挈全局。

步骤一　确定公关活动的场地

场地是公关活动的重要依托，场地管理实际上是公关环境管理，决定了对公众的吸引力，也直接影响到活动的质量。

对活动场地的考察与选择，在方案策划阶段就已经开始。策划方案里已经涉及场地的选择。但是到了筹备实施阶段，就要对场地进行确定和布置。

技能训练

1. 根据富室城公司 40 周年庆典活动方案的内容，请你对场地进行选择，将选择的内容填入表 3-1 中。

提示：不同的活动形式，对场地的要求不同。

表 3-1　场地安排表

序　号	活动形式	日　期	拟选择或确定的场地

2. 针对选择好的场地，在举行庆典活动仪式的主会场，如何布置场地？

(1)主席台布置方案：

_____

_____

(2)观众席布置方案：

_____

_____

（3）会场环境布置方案：

_____

_____

📖 相关链接

公关活动场地的选择与确定

（一）列出可供选择的会议场所清单

必须制作一个会议场所清单表，清单表上需注明会议要求的所有重要条件，便于各个场所的比较和选择。另外，也可以参考会场搜索系统，该系统内的数据将有助于大大提高场地选择效率。

（二）根据清单综合考虑会议类型与场所的搭配

比如，研究和开发会议需要有利于沉思默想、灵感涌现的环境；重大的奖励、表彰型会议一定要有一定的档次；交易会和新产品展示会，需要选择有展示空间的场所，会场交通必须便利；等等。

（三）亲临现场实地考察

考察场地非常重要，要做好充分的准备，要约见会议方及场地方都能做决策的人。要对会议的重要流程和环节心中有数，在考察场地的时候，能考虑到的问题越多，实际举办活动时出现风险的概率就越低。

💠 小贴士

选择与确定活动场所的注意事项

1. 依照人数规模向酒店或会议中心询问订位，通常从比较方便的地点开始询问，如果没有合适的场地，再去询问其他地点。比较热门的场地常常会先被预约，我们就只能排在等位名单中（所谓等位是指有人先订了，但是没有付钱，所以还有很大的机会排到），所以还应另外订1～2家适合的场地作为备案。选择场地时需要知道下列信息：

（1）有哪些符合人数规模的场地可供预订，场地费一个时段多少钱（通常是上午、下午和晚上三个时段）。场地容纳人数会依活动性质而不同，如果是记者招待会，通常摆4～6人圆桌，容纳的人比较少；如果是研讨会，通常摆教室型（即长条桌加椅子），容纳的人数较多；若是演讲，通常摆听讲型，仅摆讲台和椅子，可容纳更多人。

（2）其他设备是否加钱，加多少。如投影机、投影幕、麦克风、扩大机及音响设备、拉电线、舞台板。若是外国来宾演讲，场地有无即时口译设备。

（3）会场是否提供餐点，是否需要外叫，如何计价。

2. 应实地考察场地，以免平面图的感觉和现场不同。

（1）场地形状是否适合举办活动，或场地该如何布置。

（2）灯光在什么位置，数量是否符合活动所需，是否需要场布公司外加灯（外加灯就必须拉电线，通常场地方会另收一笔费用）。

（3）投影幕摆在哪边，可否移动，投影机是固定式的还是摆在桌子上？

（4）是否提供免费的停车场。若无停车场，附近最近的停车场在哪里？

（5）接待桌位置在哪里？提供几个接待牌（从门口指引至活动场地）？

3. 特殊需求。有些活动需要进车子或乐器，所以可能需选在户外开放场地，或者是一楼，这就要费工夫寻找。

能力拓展

你所在的学校要开展一年一度的技能节活动，旨在在全校学生之中开展技能竞赛，并对获奖的技能选手进行表彰。请你策划技能节颁奖活动会场的布置方案。

步骤二　公关活动工作项目的分解与管理

公关活动的工作项目是庞大和复杂的，只有将任务分解，才可以清楚各项工作，有条不紊地实施各项工作，便于活动的管理。

进行分解工作的工具叫工作分解结构（WBS），就是把一个项目按一定的原则分解，项目分解成任务，任务分解成一项项工作，再把一项项工作分配到每个人的日常活动中，直到分解不下去为止，即项目→任务→工作→日常活动，以可交付成果为导向对项目要素进行分组，每下降一层代表对项目工作的更详细定义。工作分解结构总是处于计划过程的中心，是制订进度计划、确定资源需求、进行成本预算、制订风险管理计划和采购计划等的重要基础。

工作分解结构，可以有文字和图表两种形式。

🔍 案例

建筑工程项目工作分解

A   签订项目管理委托合同

B   项目管理部进场

C   工程图设计

C/01   方案设计

C/02   初步设计

C/03   初步设计报批

C/04   施工图设计

D   办理项目规划手续

E   办理工程开工证(略)

F   施工准备(略)

G   建安工程(略)

H   市政工程

I   验收、移交

🔍 案例

图 3-1 是工厂建设项目的分解图示。

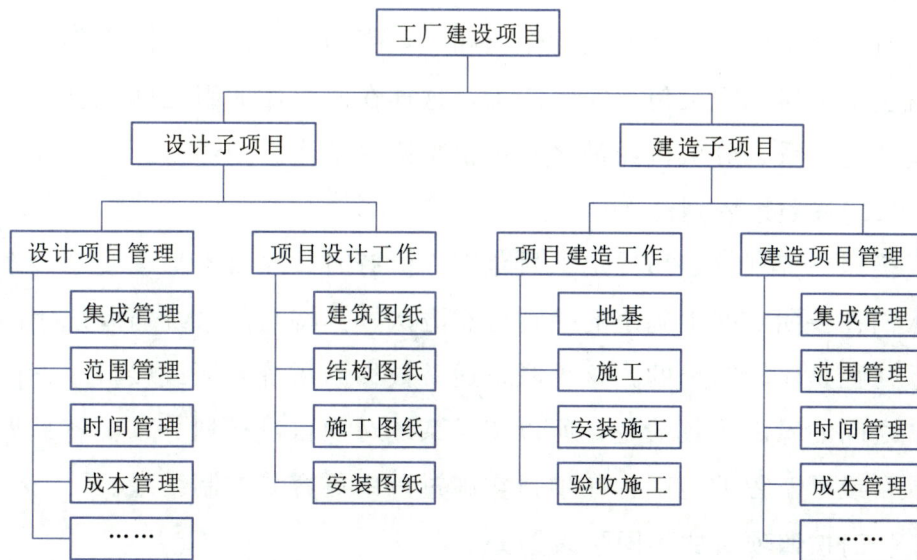

图 3-1   按子项目分解的工厂建设项目工作分解结构

📝 学习笔记

技能训练

1. 将富室城公司 40 周年庆典活动的各项任务进行分解，绘出 WBS 结构图。

2. 根据 WBS 结构图，列出庆典活动人员分工表(见表 3-2)。

表 3-2　活动人员分工表

序　号	任　务	部　门	人员(列岗位、职务)	备　注

相关链接

学习笔记

一、WBS 的划分方法

(一)按照专业划分

按照专业划分项目，应当说是一种最自然的划分方法，优点是容易让人接受，缺点是不易协调。比如，在进行地铁建设时，假定在 WBS 的顶层按照专业将建设分为土建和安装，并按照这种划分确定一个土建分项目经理和一个安装分项目经理。按照这种划分方法在画工作分解结构图时就会出现一系列的土建作业和一系列的安装作业。因为某一个车站既包括土建工程又包括安装工程，这样在两组作业组之间就会出现非常复杂的关系，分项目经理之间也很难协调工作。

(二)按照系统划分

按照系统划分容易界定项目范围，但有时候显得不那么直观。系统是人们在长期实践中确定的一种分类方法，其特点是系统与系统之间的联系往往是比较简单的，这种联系通常被称为系统界面或接口。正由于系统之间的界面比较清楚，所以按照系统对项目进行划分，更容易界定子项目或子工程的范围，在项目实施过程中更容易控制结果。

(三)按照项目的不同阶段划分

按照项目的不同阶段划分 WBS 有利于项目管理者控制中间结果。对那些不确定性比较大的项目来说，项目最后的结果往往是未知的，控制项目的唯一方法就是控制中间结果的进度和质量，当然阶段的划分应该是可测量的。按照阶段划分项目，有助于管理者在不同阶段控制中间成果，同时不至于使项目管理者陷入项目细节中。

二、划分 WBS 的步骤

第一，确定项目特性并确定 WBS 层次，如项目的不确定性有多大，项目的规模又有多大。

第二，确定项目管理的重点，为项目管理目标划分优先级别，如是将项目质量放在第一位，还是将项目进度放在第一位。

第三，针对项目管理目标的级别确定每级 WBS 的划分方法。

第四，确定 WBS 结构。

三、制定 WBS 的方法

（一）借鉴经验法

以一个类似项目的 WBS 为基础，制定本项目的 WBS。

（二）系统思考法——自上而下

这是构建 WBS 的常规方法，即逐步将工作分解成下一级的多个子项。这个过程就是要不断细化工作任务。

这种方法对具备系统思维能力及深厚知识基础的人来说，是很好的方法。

（三）发散归纳法

如果系统地思考有困难，不如先想到什么就记下来，然后再不断补充，不断归纳。

如果是一个团队，可以让成员一开始尽可能地确定各项具体任务，然后将各项具体任务进行整合，有了这些零散的思路，再归纳就相对容易了。

对那些全新系统或方法的项目宜采用这种方法，或者用该法来促进全员参与或项目团队的协作。

（四）参照模板

如果存在 WBS 模板，就会容易得多。因此我们可以借鉴别人的模板，如策划一次产品展览可能有很多细节，如果有一个模板的话，就会制订出一个细致的工作计划。

对于经常重复的核心业务或项目，我们不妨做出自己的模板。

学习笔记

制定工作分解结构时应注意的问题

1. 分解后的工作任务是可交付执行的工作任务和项目。

2. 对工作任务的描述应清晰、易于理解。例如，"前期筹备"这样的描述不易掌握任务内容，工作任务应尽量与职能部门设置相对应，如场地管理、会务管理等。WBS 中的详细活动最终会转移到活动进度表中，因此，WBS 中的详细活动以行动为导向会更加方便——就像是进度表中的活动一样。

例如，不能将一个 WBS 中的活动描述为"会议"，而应该这样陈述："安排一次周会议"；不能将 WBS 中的详细活动称为"测试计划"，而应称"制订测试计划"。这样，只需进行最少量的词语修改，就可以将详细活动转移到进度表中。

3. 为大型项目建立一个 WBS 字典。一般来说，不需要 WBS 字典，但如果 WBS 含有数百(或数千)条详细的活动，那么手工进行追踪可能是一项繁重的工作。在这种情况下，把所有重要信息放入一个 WBS 字典中会有好处。

WBS 字典有助于追踪所有的概要和详细的活动，包括一个简短的说明、WBS 数字标识符(1.1、1.1.1、1.1.2 等)和项目、任务。

能力拓展

为某公司的新产品发布会活动制定 WBS，提供 WBS 文字和 WBS 结构图。

步骤三　制订公关活动实施进度计划

有了工作分解，接下来就是工作过程的控制与管理。在实施公关活动过程中，必须对整个操作过程的先后顺序、人力安排、物品管理与使用做出周密的安排，制订公关活动实施进度计划。

制订公关活动进度实施计划的常用方法有甘特图法、双坐标推展法和关键路径法。

技能训练

用甘特图法制订公司周年庆典活动的实施进度计划。

将计划的内容填入图 3-2。

序号	工作任务	进程时间										责任人
		1	2	3	4	5	6	7	8	9	10	
1												
2												
3												

图 3-2　甘特图模板

提示：甘特图，也称条状图，1917 年由亨利·甘特开发。其内在思想简单，基本就是线条图，横轴表示时间，纵轴表示活动(项目)，线条表示在整个活动期间计划和实际的活动完成情况。它直观地表明任务计划在什么时候进行，以及实际进展与计划要求的对比。管理者由此可以极为便利地弄清一项任务(项目)还剩下哪些工作要做，并可评估工作是提前了还是滞后了，抑或是正常进行。甘特图法是一种理想的控制工具。

案例

图 3-3 是系统开发项目甘特图。

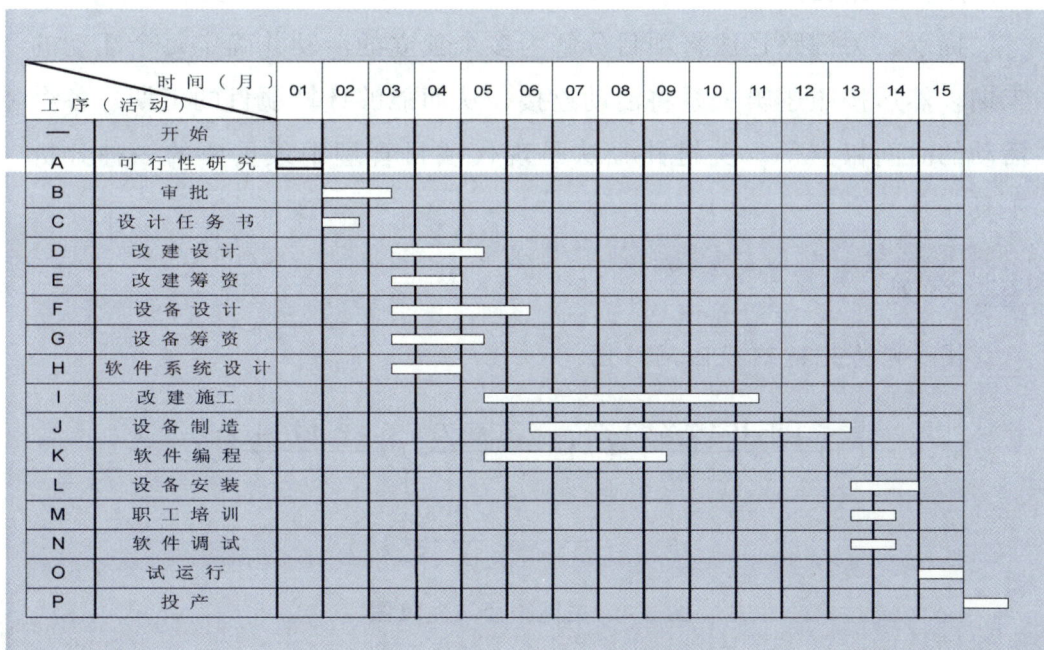

图 3-3　系统开发项目甘特图

技能训练

用双坐标推展法制订富室城公司 40 周年庆典活动的实施进度计划。

提示：双坐标推展法是以时间进程、活动程序两项元素为纵坐标，以工作任务划分为横坐标，设计进度计划的。

案例

双坐标推展法如表3-3所示。

表3-3　开幕典礼进度计划表

序号	时间进程	工作任务	工作任务分解			
			会务组	礼仪组	程序组	道具组
1	10：00	迎宾	统计出席嘉宾名单；接待嘉宾	组织迎宾队伍；乐队入场；礼仪小姐开始工作	安排主持人进场；检查演讲人出席情况、稿件情况	音响启动；准备用具
2						
3						

技能训练

用关键路径法制订富室城公司40周年庆典活动的实施进度计划。

提示：关键路径法将项目分解为多个独立的活动并确定每个活动的工期，然后按照逻辑关系将活动连接，从而能够计算项目的工期、各个活动的时间特点等。关键路径法是现代项目管理中最重要的一种分析工具。

案例

图3-4为关键路径法网络图。

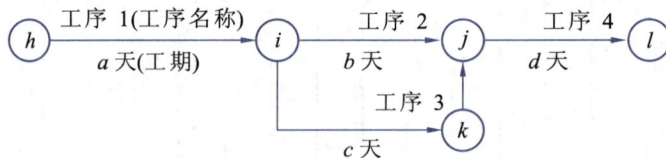

图3-4　关键路径法网络图

相关链接

一、关键路径法的分类

根据绘制方法的不同，关键路径法可以分为两种，即箭线图法和顺序图法。

　　箭线图法又称双代号网络图法，它以箭线表示活动，以节点连接活动，活动间可以有一种逻辑关系，如结束—开始型逻辑关系。顺序图法又称单代号网络图法，它以节点表示活动，以节点间的连线表示活动间的逻辑关系，活动间可以有四种逻辑关系，完成—开始、完成—完成、开始—开始和开始—完成。

二、箭线图法

　　箭线图法（Arrow Diagramming Method，ADM），是一种描述项目活动顺序的网络图法（见图 3-5）。这一方法用箭线代表活动，而用节点代表活动之间的联系和相互依赖关系。

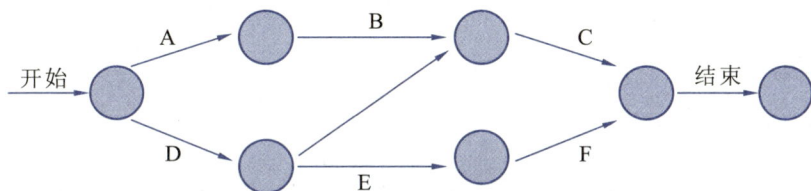

图 3-5　用箭线图法绘制的项目网络图

三、顺序图法

　　顺序图法（Precedence Diagramming Method，PDM），用单个节点表示一项活动，用节点之间的连线表示活动之间的相互关系。

　　四种项目活动的顺序关系：

（一）完成—开始（FS）

　　说明任务 B 必须在任务 A 完成之后才能开始（见图 3-6）。

　　例如，布置场地要在落实场地后开始。

（二）开始—开始（SS）

　　说明任务 B 必须在任务 A 开始之后才能开始（见图 3-7）。

　　例如，拟写邀请函必须在拟定邀请名单之后才开始。

（三）完成—完成（FF）

　　说明任务 B 必须在任务 A 完成之后才能完成（见图 3-8）。

　　例如，落实记者出席情况必须在邀请记者完成之后才能完成。

（四）开始—完成（SF）

　　说明任务 B 必须在任务 A 开始之后才能完成（见图 3-9）。

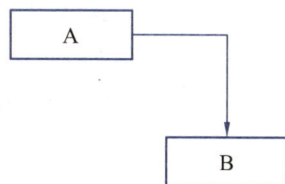

图 3-6　FS 顺序图

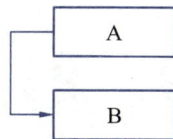

图 3-7　SS 顺序图

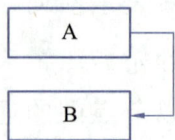

图 3-8　FF 顺序图　　　　图 3-9　SF 顺序图

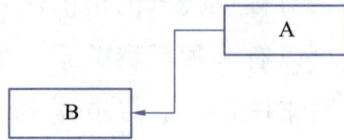

案例

图 3-10 是网络图绘制范例——准备午餐项目网络图。

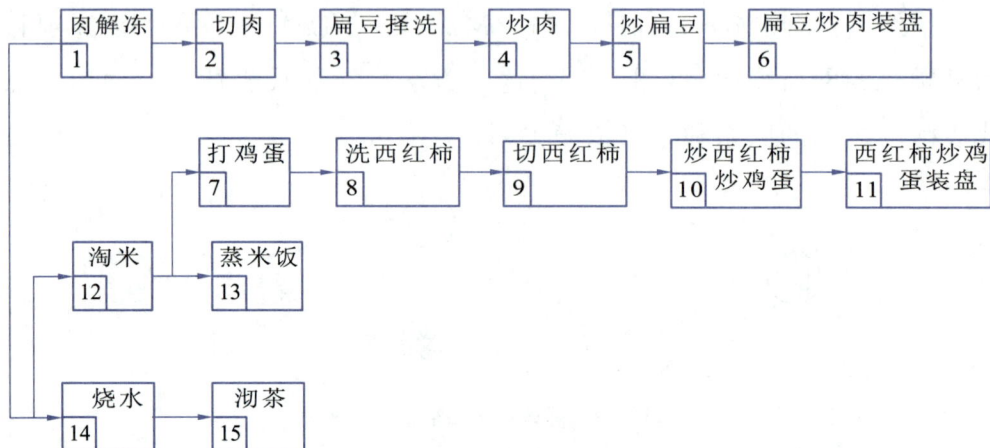

图 3-10　网络图绘制

能力拓展

1. 在前面"能力拓展"部分,同学们为某公司的新产品发布会活动设计了 WBS 图。在此基础上,分别用甘特图法、双坐标推展法、关键路径法三种方法,编制活动实施进度计划。

2. 制订该公关活动的实施方案,包括场地的确定、工作任务的分解、活动实施进度计划、人员的分工等。

任务二

实施公关活动

在公关活动的筹备阶段,设计了公关活动的实施方案,包括场地的确定、工作任务的分解、活动实施进度计划、人员的分工等。接下来,就进入公关活动的实施阶段。

要成功开展一次公关活动，应认真做好以下几个方面的工作：精心选择对象，邀请来宾；做好接待工作；合理组织安排活动；做好活动实施过程的检查、监控工作。

步骤一　邀请来宾

开展与实施公关活动，公关人员应选择好对象，提前发出邀请，特别是重要来宾应亲自上门邀请。

技能训练

1. 学校拟与合作企业举行元旦联谊活动，拟选择邀请的宾客，并请将宾客信息填入表 3-4 中。

表 3-4　邀请来宾名单

序　号	宾客类型	姓　名	单　位	职　务	联系方式

提示： 宾客类型包括政府部门工作人员、主管部门领导、知名人士、社区公众、企业专家、企业导师、同行代表、新闻记者、毕业生代表等。

2. 富室城公司 40 周年庆典活动来宾名单确定后，公关部着手拟写请柬。请你给受邀的经销商拟写请柬。

_____

_____

案例

请　　柬

王好为先生：

谨定于 2020 年 1 月 22 日上午 9 时在五洲宾馆三楼会议室举行贸易洽谈会。

敬请光临

××公司

2020 年 1 月 10 日

相关链接

一、请柬

(一)请柬的含义

请柬也称请帖，是各企事业单位或个人邀请有关人员参加某项活动而专门制发的信柬。

(二)请柬的特点

比一般信函更具庄重性，只有遇较大事情或在庄重场合才使用，以示对被邀请者的尊重。请柬有时也用作入场和报到的凭证。

(三)请柬的写法

第一，请柬分封面、封里两部分。

第二，分横式、竖式两种。结构基本相同。

第三，请柬的结构：标题＋称谓＋正文＋落款。

标题。在封面或页面上部居中书写请柬二字，或加事由，如："庆祝 A 公司成立 20 周年请柬"。

称谓。另起一行顶格书写被邀请者姓名，之后是职务、职称等称谓。

正文。活动的时间、地点、内容，结尾写"敬请光临""敬请出席""敬请莅临""敬请光临指导"等敬语。

落款。

二、邀请信

(一)邀请信的概念

邀请信是各单位举办重要活动、召开重要大会时，邀请相关单位或个人参加所用的信函。

(二)邀请信的特点

邀请信与请柬有相似之处，但使用范围比请柬更广泛，信息容量大，一些重大的商业活动常用邀请信形式。如受文单位广泛，信息含量大，不采用请柬形式，而采用邀请信形式。

(三)邀请信的结构与写法

邀请信的结构：标题＋称谓＋正文＋落款。

第一，标题：事由＋文种或会议名称＋文种。

第二，称谓。

学习笔记

第三，正文：信首问候语＋主体＋信末结束语。

信首问候语：您好。单位名称后不用。

主体：邀请的原因和活动内容、细节，并提出邀请。

信末结束语：专此奉达，并颂秋祺。

第四，落款：邀请单位名称或个人姓名＋行文日期。

小贴士

一、请柬写作、制作、发放的注意事项

1. 制作请柬，一般用红纸或鲜艳的彩纸。

2. 封面可用花边、图案等装饰，以示喜庆和对被邀请者的尊敬。

3. 表意周全，措辞简洁、文雅、庄重。

4. 不宜滥用，应与会议通知区别。

5. 请柬提前7～10天发放。给重要来宾发放请柬后，组织者应当天电话致意，庆典头一天晚上再电话联系。

二、邀请信写作的注意事项

1. 文字简洁明了，写清活动时间、地点、内容。

2. 语气诚恳热情，使对方感受到邀请者的诚意从而愉快地接受邀请。

能力拓展

公司要召开新产品新闻发布会，拟邀请新闻单位的记者参加。假如你是公司公关部的人员，请你确定邀请参加活动的人员名单，并制作请柬。

步骤二　做好接待工作

技能训练

1. 公司举办周年庆典晚会要做好哪些接待准备工作？

_____

_____

2. 接待工作包括哪些程序和内容？

_____

_____

🔍 **案例**

接待工作程序

1. 接受上级任务

接待来自安徽××集团的八位重要访客，安排客人的食宿，预订会议室及做好会议准备，检查会议室的设备以及装饰，安排客人日程，安排相关人员带领参观。

2. 了解来宾

(1)来宾共有八位，分别是：李总经理(男)，黄副总(女)，林副总(男)，市场部卢经理(女)，公关部梁经理(男)，销售部洪经理(男)，办公室林小姐以及王小姐。

(2)来访目的：参观访问我公司以及与我公司签约。

(3)来访日期：2月14日～2月16日。

(4)来宾到达时间：2月14日9：00，深圳机场，航班号××××。

3. 接待安排

日期：2月14日

(1)9：00　到达，到××大酒店休息。

(2)下午2：30～5：30　由本公司专业人员带来宾参观公司生产区及办公室，为客人做详细的公司介绍，让客人更深入地了解我公司。

(3)晚上8：00　请来宾参加由本公司为他们准备的欢迎酒会。双方总经理分别致辞。

(4)晚上10：30　酒会结束，由本公司派车送来宾返回××大酒店休息。

日期：2月15日

(1)9：00　由秘书和司机前往××大酒店接八位来宾到会议室参加关于共同开发新手机品牌的会议。

(2)11：30　由我公司总经理及秘书陪同来宾享用午餐。

(3)下午2：30　公司各重要领导与安徽××集团进行合作签约仪式。

(4)下午3：30　送来宾回××大酒店休息。

日期：2月16日

(1)9：00　由秘书陪同八位来宾一同游览深圳世界之窗。

(2)12：00　总经理、公关部经理与秘书陪同八位来宾共进午餐，

学习笔记

为来宾饯行。

（3）下午 1：00　公关部经理、秘书与司机送八位来宾前往机场乘坐飞机回安徽，总经理送来宾上车。公关部经理、秘书、相关人员以及司机于下午 2：30 准时送来宾抵达深圳机场，代表公司欢送来宾。

技能训练

接待工作计划应包含哪些方面的内容？拟写前来参加庆典活动的经销商的接待工作计划。

_____

_____

相关链接

一、接待工作的准备

第一，收集来宾信息。了解访客基本情况、来访目的、来访时间。

第二，制订接待计划。包括接待规格、形式、日程、经费、后勤安排。

第三，通知相关部门（前台、大堂、司机等接待人员）。

第四，张贴欢迎海报、条幅；准备会议资料、宣传资料及纪念品。

第五，检查接待室（会议室）等接待环境及设备。

第六，住房、交通工具、宴席的准备；给有需要的来宾传真一份地图。

二、接待工作的程序和内容

第一，接受任务：秘书从上司处接受任务。

第二，了解来宾人数、身份、性别、来意、日期、日程、交通等。

第三，制订计划：接待规格、内容、日程、经费、人员、任务分配。

第四，预订食宿。

第五，迎接来宾：到机场、车站或码头迎接客人。

第六，商议日程：与对方相应人员商定日程安排。

第七，安排会谈或活动：准备好相关资料。

第八，陪同参观。

学习笔记

第九，招待宾客。

第十，送别客人。

第十一，接待小结。

三、接待规格

(一)高规格接待

即主要陪同人员比客人的职位要高的接待。如上级领导派工作人员来了解情况、传达意见，兄弟企业派人来商量要事等，需高规格接待。

(二)低规格接待

即主要陪同人员比客人的职位要低的接待。如上级领导或主管部门领导到基层视察，只能低规格接待。

(三)对等接待

即主要陪同人员与客人的职位同等的接待。这是最常用的接待规格。

四、接待礼仪

在接待过程中，遵从次序礼仪的要求，能准确地突出来访者的身份，是对来访者的尊重。接待过程中的次序礼仪一般有以下要求：

第一，就座时，右为上座。即将客人安排在企业领导或其他陪同人员的右边。

第二，上楼时，客人走在前，主人走在后；下楼时，主人走在前，客人走在后。

第三，迎客时，主人走在前；送客时，主人走在后。

第四，进电梯时，有专人看守电梯的，客人先进、先出；无人看守电梯的，主人先进、后出并按住电钮，以防电梯门夹住客人。

第五，奉茶、握手、介绍时，应按职务从高至低进行。

第六，进门时，如果门是向外开的，主人把门拉开后，按住门，再请客人进。如果门是向内开的，主人把门推开后，请客人先进。

总之，社交场合，一般以右为大、为尊，以左为小、为次，进门上车，应让尊者先行，一切服务均从尊者开始。

小贴士

公关人员如何做好礼宾接待

从礼宾的角度来讲，以礼待客非常重要。礼宾接待有其基本规则，叫礼宾次序，就是指在接待多方客人时，应按照礼仪排列多方客人的先后顺序。按照国内外商务交往的惯例与公关场合约定俗成的做法，礼宾次序目前一般有下面几种排列方法。

第一，按行政职务的高低排列。接待的客人是很多公司来的，很多政府部门来的，可以按照其行政职务的大小排列。

第二，按照礼宾的所在单位，或者所在国家的字母顺序排列。国际交往按照拉丁字母顺序进行排列，国内活动一般则按照汉语拼音字母顺序进行排列。如果说按照行政职务高低排列，适合于正式的官方活动和正式交往，那么按照字母顺序排列，则适合于大型国际会议和体育比赛。

第三，按照先后到场顺序排列。它一般适合于各类非正式交往，以及不需要排列位次的情况。

第四，按照报名的先后顺序排列。按照报名的早晚排列，适合于各种各样的招商会、展示会、博览会、商务会展。

能力拓展

富室城公司拟在本公司的产品展示厅举办新产品新闻发布会，将邀请各大媒体记者参加，请拟订记者的接待计划。

步骤三　组织实施公关活动

技能训练

根据富室城公司40周年庆典的总体方案，拟订富室城公司40周年庆典晚会活动的程序，可以分别用文字和表格两种形式列出活动的内容及流程。

将活动内容、流程、人员分工、资源设备要求等情况填入表3-5中。

表3-5　公关活动流程表

序号	活动环节	时间	负责人	配合人	资源设备

🔍 **案例**

剪彩仪式的程序

剪彩仪式的时间以短为佳，原则上不应超过1小时，有时15分钟即可。其程序大致如下。

一、请出席者各就各位

会场一般只安排剪彩者、来宾以及本单位主要领导的座位。剪彩仪式开始，应请剪彩者和来宾入座。剪彩人员最好安排在前排，有几位剪彩者时，应按剪彩时的位置就座。

二、宣布剪彩仪式正式开始

主持人宣布剪彩仪式正式开始，介绍重要来宾并向他们表示谢意，鼓掌向与会者表示谢意，并请乐队奏乐，以烘托现场的热烈气氛。

三、安排简短发言

发言者一般有：东道主的代表；向东道主表示祝贺的上级主管部门、地方政府及其他协作单位的代表。这种发言应言简意赅，充满热情，用时两三分钟即可。

四、进行剪彩

主持人宣布正式剪彩之后，剪彩者应在礼仪小姐的引导下，步履稳健地走向剪彩位置，如有几位剪彩者时，应让中间主剪者走在前面，其他剪彩者紧随其后走向自己的剪彩位置。主席台上的人员一般要尾随至剪彩者之后1~2米处站立。

当礼仪小姐用托盘呈上白手套、新剪刀时，剪彩者可用微笑表示谢意并随即接过手套和剪刀。剪彩前要向手拉缎带的礼仪小姐点头示意，然后全神贯注、表情庄重地将缎带一刀剪断。如几位剪彩者共同剪彩，则要协调行动，处在外端的剪彩者应用眼睛余光注视处于中间位置的剪彩者的动作，力争同时剪断彩带。同时，还应和礼仪小姐配合，注意让彩球落于托盘内。剪彩者在放下剪刀之后，应转身向四周的人们鼓掌致意，并与主人进行礼节性的谈话，然后在礼仪小姐的引导下退场。

五、参观现场

即参观剪彩的项目。按照商界惯例，在剪彩仪式结束之后，通常以自助餐招待来宾，或以纪念性的小礼品相赠。

相关链接

公共关系实施的原则

一、目标控制原则

控制是管理的一种职能，而且总是与计划的实施联系在一起。所谓目标控制原则就是指在公共关系计划实施的过程中，保证公共关系实施活动不偏离公共关系计划目标的原则。也就是说要求公共关系人员以目标为导向，对整个活动进行制约、引导和促进，以把握实施活动的进程和方向，并通过具体实施活动使公共关系计划向既定的目标一步步迈进。

公关实施中的一切策略、技巧都要和公共关系的目标相一致，为实现公共关系的目标服务。公共关系的目标一般都是在充分的调查研究和科学的预测基础之上制定的，不会因客观环境的变化而失去合理性。以目标作为公关实施的控制手段，能很好地把握实施的目的、步骤、任务，减少公关实施中的随意性和盲目性。如果在公关实施过程中一遇到新问题和情况的变化，就改变目标，那一定会被变化无常的客观情况影响而无所适从。因此，公关人员在实施过程中要始终抓住公共关系的目标，解决突发问题时遵循具体问题具体解决的原则，使整个公共关系活动有利于公共关系目标的实现。

二、全面协调原则

所谓全面协调原则就是在公共关系计划实施的过程中使工作所涉及的各方面配合得当，达到一种和谐、互补、统一状态的原则。全面协调注重理顺实施过程中的各个环节之间、各个部门之间，以及实施主体与其公众之间的关系，尽量消除矛盾的产生，并对一些已发生的矛盾及时协调解决。

最常见的有两大类：一类是纵向协调，另一类是横向协调。纵向协调主要是指上下级之间的协调，横向协调主要指同级各部门或实施人员之间的协调。无论是横向协调还是纵向协调，要达到协调沟通的目的，关键的一点就是沟通过程中所传播的信息应具有统一性、明确性及完整性等特点。特别是协调时作为依据的有关实施计划的目标、实施的指令或概念等方面的信息，一定要做到上下统一、前后一致，否则会使协调

学习笔记

人员无所适从，使协调工作陷入困境。另外，在协调过程中要注意以下几个问题：

第一，协调的过程实质上是信息沟通的过程，所以要占有充分、准确、完整的信息沟通资料，采用各种有效的方式进行信息交流。

第二，协调沟通时必须以说服为主。协调时主要依靠说服力而不是强制命令，要善于同协调对象协商，尊重、理解、帮助协调对象，以消除他们的疑虑，在取得共识的基础上完成协调工作。

第三，协调沟通时要遵循局部利益服从全局利益的原则。协调过程是一个利益平衡的过程。在协调过程中不仅要统筹兼顾各方利益，而且要注意当局部利益与全局利益发生冲突时，坚持局部利益服从全局利益。

总之，协调的目的是使全体人员在认识和行动上取得一致，最大限度地保证实施活动的同步与和谐，提高实施工作的效率与效益。

三、信息反馈调整原则

反馈就是指将施控系统的信息作用于受控系统(对象)后产生的结果再输送回来，并对信息的输出发生影响的过程。反馈是公共关系计划实施中的一个重要手段。对反馈信息进行整理、分析，并以此为依据来调整整个公共关系计划的实施活动，就称为反馈调整。

反馈调整贯穿于公共关系计划实施的全过程。在公共关系计划实施的准备阶段，通过收集、分析有关人员对实施方案进行评估的信息，反馈调整公共关系计划；在实施的执行阶段和结束后，利用反馈信息比较实施结果与原定目标的差距，调整后续公共关系计划与实施方案。

另外，不仅要注意那些对计划加以肯定、持积极态度的正反馈信息，还要注意那些计划实施过程中存在的问题和失误，促使领导层采取措施，修正、调整原有计划，这也是反馈调整的主要作用所在。

四、正确选择时机原则

正确地选择公共关系计划实施的时机，是确保公共关系目标得以顺利实现的一个必要前提。

在实施公共关系计划时，应从以下几个方面考虑，以达到正确选择时机的目的：

第一，要注意避开或利用重大节日。如公共关系活动本身与重大节日没有任何联系，则应避开节日，以免使公共关系活动效果被节日气氛冲淡；若公共关系活动与节日有密切的联系，则可利用节日气氛强化公关效果，如有关儿童用品的公关促销活动可以选择在六一儿童节前后举行。

第二，要注意避开或利用国内外重大事件。与重大事件有冲突、影响效果的公共关系活动应避开重大事件，而如果利用重大事件可以提高公关效果，则可以选择利用国内外重大事件开展公关活动。

第三，注意避免在相距较短的时间内展开两项重大公共关系活动，以免其效果互相抵消。

公共关系计划的实施除了要遵守以上四个主要原则外，还要注意把握好控制进度原则、明确分工原则等，以期在公共关系计划实施过程中投入较少的人力、财力和物力，取得最好的公共关系效果。

小贴士

一、公关实施中的活动安排——签字仪式

签字是一种常见仪式，组织中负责对外交往和接待礼宾的公关人员，应当熟悉签字仪式程序。签字时，双方签字人的身份应大体相同。安排签字及签字仪式是一项细致的工作。第一，要做好文本的定稿、翻译、校对、印刷、装订、盖火漆印等工作；第二，准备好国旗、签字用的文具等物品；第三，与对方商定签字人员及参加签字仪式的人员，原则上是双方参加会谈的人员出席，或者是为表示重视，安排较高级别的领导人出席签字仪式。签字后，由双方签字人员互换文本，相互握手，有时还备有香槟酒，以示庆贺。

二、公关实施中的人员安排

公关活动实施前应对实施人员进行培训。要让所有参加活动的人员详细了解活动方案的内容，如活动的目标、公众和实施措施等。在此基础上，根据这些人员的各自特点合理地分配任务，并明确规定任务的具体要求和完成时限。

一般情况下，公关人员应严格按照方案所确定的时间表实施各项措施，以确保整个活动按预订的时间和计划进行。若有意外情况发生，可视其程度、范围的不同，对实施方案中的有关内容做相应的调整，并通知有关人员。

能力拓展

富室城公司拟在本公司的产品展示厅举办新产品新闻发布会，请拟订该新闻发布会的议程，要求提供文字和活动流程表两种形式。

步骤四   实施过程中的检查及监控

检查是实施过程中重要的环节。实施检查有两个方面的作用：第一，可以及时了解存在的问题、薄弱环节，以便采取相应的措施使计划得以顺利完成；第二，可以发现公关计划是否符合实际，便于及时修改和完善，提高以后公共关系策划的科学性。

实施过程中的检查及监控包括三个方面的内容：第一是检查计划完成的进度；第二是效果，活动的每一步是否达到预期的效果，如果存在问题，应及时对相关人员进行提醒和调整；第三是关系，每部分的工作任务是否与整体计划相协调，彼此配合是否默契。

技能训练

1. 公司负责人要在一个企业论坛会上发表演讲，在他进行演讲前及演讲过程中，作为一名公关人员，你要做的工作是：

(1)检查（   ）；

(2)随身携带（   ）；

(3)把演讲内容（   ）。

2. 分析案例，回答问题。

为庆祝富室城公司成立40周年，公共关系部拟订了一份公共关系活动方案。这份方案确定了活动的目标与主题，公关模式、策略，选择了传播媒介和方式，确定了活动形式，对经费做出了预算等，方案周密详尽，得到了公司领导层的批准。于是，公共关系部开始按照方案开展活动，并制定了详细的实施方案，包括人员分工、工作项目进度计划等。

但是，在实施过程中出现了许多意想不到的问题。例如，原定于某日举行的"时尚卫浴空间论坛"所邀请的各界人士，因种种原因而未出席，然而按照计划，论坛如期举行，可效果并不理想。再如，活动方案中规定了通过电视媒体向公众宣传该企业的公众联谊会，可是媒体方告知，近期会有一次大的新闻报道活动，这个时段播这个宣传片可能效果不好。但是，公关部总监说："这是我们早就与贵方约定好的，必须按计划完成。"虽然电视台如期播放了这个宣传片，但效果不理想。

（1）公司在公关活动实施过程中，出现问题的原因是什么？试进行原因的分析。

_____

_____

（2）如何预防可能出现的纰漏？论述预防出现种种问题、保证公关活动效果的解决方案。

_____

_____

相关链接

一、实施公共关系活动过程的特点

（一）实施过程的动态性

公共关系实施是由一系列连续活动构成的过程，是一个思想和行为需要不断变化、不断调整的过程。

（二）实施过程的创造性

由于计划的实施是一个不断变化和需要调整的动态过程，实施者要依据整个实施方案的原则和自己所处的环境、面临的条件灵活确定实施策略。

（三）影响的广泛性

首先，计划在实施过程中，会对众多的目标公众产生深刻的影响。

其次，公共关系实施有时还会对整个社会的文化、习俗产生深刻的影响。

最后，在研究过程中一些没有认识到的、隐藏着的问题，常常在实施过程中显示出来，带来一些始料不及的变化和影响。

二、影响公共关系计划实施的障碍

（一）目标障碍

影响公共关系计划实施的因素很多。例如，公共关系计划目标拟订得不正确、不明确或不具体，从而给实施带来一定的困难，即使实施人员尽心尽力，也达不到预期效果。

（二）沟通障碍

从具体实施行动上看，实施中的主要障碍还是传播沟通障碍。

学习笔记

从某种意义上说，公共关系计划的实施过程就是组织运用各种传播媒介，将预先制作好的公共关系信息传递给各类公众，以引导他们改变态度和行为的过程。但实施过程中的传播沟通往往不是一帆风顺的，常常会因传播沟通的方式方法、传播媒介等因素，而使实施工作不能取得很好的效果。因此有必要对传播障碍中的几种主要障碍进行分析。

1. 语言障碍

语言是人类交流思想的工具，与人的思维紧密相连，人们只有借助语言才能更方便地向外界传播一定的信息，也才可以收到一定的信息。所以在传播沟通时，一定要强调语言的运用技巧，如修辞、音调等，否则会造成语言方面的沟通障碍。如用大量专业术语写成的新闻广播稿，就不能吸引那些只受过初等教育的人。由于语言沟通不畅造成沟通失误，甚至引起某些纠葛的事例，在日常生活和工作中比比皆是。而存在于公共关系计划实施过程中的语言沟通障碍常会造成公共关系工作的被动。

2. 风俗习惯障碍

所谓风俗习惯，就是指在一定的文化历史背景下形成的具有固定特点的社会因素，如道德习惯、礼节、审美传统等。风俗习惯是世代相传的一种习俗。不仅不同国家、不同民族的风俗习惯不同，有时同一国度、同一民族的人因居住地区不同也会形成不同的习俗。

3. 观念障碍

观念是指在一定的社会条件下人们接受、信奉并用以指导自己行动的理论和观点。观念对沟通起着巨大的作用，有的观念会极大地促进沟通的顺利进行并取得好的沟通效果，而有的观念则会成为沟通的障碍。

例如，极端观念破坏沟通。由于固执地坚持某一极端的观点或立场而对沟通造成破坏。如在对某一有争议的事件做出最终判断时，由于争论的双方只是抓住对方沟通过程中的某一环节、某一方面或某一特点，而各执一端，彼此排斥，无法听进对方的意见，结果闹得不欢而散。

4. 心理障碍

心理障碍是指人的认识、情感、态度等心理因素对沟通造成的障碍。

了解、认识并掌握在传播沟通中的公众心理障碍，可以及时排除这些障碍，以达到公共关系的沟通目的。

5. 组织障碍

组织障碍是指由于组织机构臃肿、信息传递层次过多造成的沟通缓慢、信息失真等沟通障碍。

小贴士

一、如何排除各种沟通障碍

1. 排除各种沟通障碍应注意缩小传播者与其公众之间的差异，如选择传播沟通媒介时应尽量选择在公众心目中信誉较好的媒介，以及目标公众最易接触到的媒介，尽量站在公众的立场上，从公众的需求出发，用公众较容易接受的语言或一些生动简单的事例来说明沟通的信息，尽量缩小传播者与公众之间在语言、习俗、态度、观念等方面的差距。

2. 今天的公众更多地受到大众传播媒介的影响，而且他们更乐于接受那些与他们自身利益密切相关以及符合他们心理特点(认知、态度、情感等)的信息。

二、如何对实施过程进行监控

1. 公共关系从本质上说是一种信息交流，而且是双向的交流。因此，从活动的筹备到开展，都应该及时了解和跟踪公众、媒介的相关信息及动态，及时调整活动的安排。

2. 公关人员应注意训练自己的观察力，养成注意捕捉信息的习惯，以全局的眼光和意识，对整体公关活动过程进行监控。

能力拓展

学校将举行运动会开幕典礼，请你拟订活动方案，并对实施过程中可能出现的问题进行预测、分析，论述如何做好方案实施过程中的检查及监控工作。

任务三

评估公共关系效果

公共关系评估，就是根据特定的标准，对公共关系策划、实施及效果进行对照、检查、评价和估计，以判断其优劣。

公共关系评估是公共关系活动中的最后一个环节，也是改进公共关系工作的重要环节，还是开展后续工作的必要条件。公共关系评估，可使组织明确公共关系活动的现状、差距和进一步努力的方向；另外，公共关系评估也是进行内部激励的重要途径。

一般来讲，公共关系评估工作分为三大阶段：

第一，评估准备阶段。选择评估内容，确定评估标准。

第二，评估实施阶段。运用各种评估方法，收集各种所需的资料和信息。

第三，整理分析、撰写报告阶段。找出问题，分析原因，在整理分析的基础上，撰写评估报告，为以后的公共关系工作提供借鉴。

步骤一　选择评估内容，确定评估标准

在公共关系评估准备阶段，要进行评估内容的选择，并确定评价标准。

技能训练

1. 富室城公司的周年庆典活动已经圆满结束了，公关部要组织对该活动的评估工作，如果你是公关部总监，你准备从哪些方面评估此次公关活动的效果？

_____

_____

2. 参阅报纸、杂志、网络、企业宣传资料、新闻报道，或者到企业进行调研，参与企业的一些公关活动，从中选择一家企业，对其专题公关活动从策划方案、实施过程、活动效果方面进行评估。

要求：

（1）列出评估的内容、标准。

（2）根据各项评估标准，对各方面进行评估，写出评估意见。

相关链接

一、公共关系评估的内容

（一）公共关系活动评估

按公共关系活动形式可把公共关系划分为日常公共关系活动和专题公共关系活动。按公共关系计划制订时间的长短，可把公共关系划分为

年度公共关系活动、长期(3～5 年)公共关系活动。评估内容及要点如下:

1. 日常公共关系活动效果评估

评估内容要点包括:组织的全员公共关系运作;领导者内外部公共关系活动的开展情况及公共关系状况;全体员工的公共关系意识和行为表现;组织的各部门在经营管理各环节的公共关系投入;日常的组织沟通;人际协调;知名度、美誉度等方面。

2. 专题公共关系活动效果评估

评估内容要点包括:项目的计划是否合适;其目标与组织总目标、公共关系战略目标是否一致;项目的目标是否已经实现;公共关系策略是否有效;公共关系协调状况如何;能对公众产生哪些影响;组织的形象有何改变;项目预算是否合理;组织管理工作成效如何。

3. 年度公共关系活动效果评估

评估内容要点包括:年度公共关系计划目标是否实现;年度公共关系计划方案是否合理;实现状况如何;年度内日常公共关系工作成效如何;年度内单项公共关系活动的类型、数量及成效分析;年度公共关系经费预算使用情况及合理化研究;内外部公共关系的开展和成效;公共关系人员的绩效;组织的公共关系应变能力等。

4. 长期公共关系活动效果评估

包括某一长期公共关系项目及公共关系长期工作的成效分析。它是一个总结过程,需要将日常工作评估结果、专项活动评估结果、阶段性工作评估结果一并吸收进来,进行系统分析,得出一个总的结论。

(二)公众关系状态评估

对主要公众关系状态进行评估研究,旨在通过各类公众关系的变化来评估公共关系工作的成效。公众关系状态评估应分两方面进行:内部公众关系评估、外部公众关系评估。

1. 内部公众关系评估

评估的要点:组织的政策在沟通中被全员接受的程度;员工的士气;组织的凝聚力;组织中的各种工作关系处理情况和趋势;双向沟通带来哪些生机和活力;影响员工关系的因素测评;沟通渠道需做哪些改进;传播策略及目标有何欠缺;公共关系贯穿于各种经营管理活动的各个环节中是否有障碍等。

2. 外部公众关系评估

评估的要点:消费者关系评估(消费者的态度、行为变化特点),评估组织对消费者关系的传播沟通及人际协调方面的工作成效；媒介关系评估(其态度是冷漠还是热情、积极支持与否，采取何种沟通策略及成效)；社区关系评估，了解各类社区公众对自己及有关活动的看法；政府关系评估，了解政府的支持情况、组织与政府的沟通效果、政府关系的沟通协调策略等。

二、公共关系评估的标准

(一)调查研究过程的评估标准

公共关系调研的设计是否合理？

公共关系工作信息资料的收集是否充分、合理？

获得信息资料的手段是否科学？

公共关系调研对象的选择是否具有典型性、代表性？

公共关系调研工作的组织实施是否合理？

公共关系调研的结论分析是否科学？

信息的表现形式是否恰当？

(二) 计划制订过程的评估标准

各项准备工作、沟通协调工作做得是否充分？

计划目标是否科学？

计划实施的总体安排、步骤是否可行？

日程安排如何？

(三)实施过程的评估标准

实施时机的选择是否恰当？

传播媒介的选择是否符合公众习惯和要求？

设计制作信息时，是否从公众特点和媒介的要求出发？信息内容准确度如何？信息表现形式如何？信息发送数量如何？信息被媒介采用的数量如何？质量如何？

项目进度计划掌控如何？人员分工是否合理、配合是否默契？

(四)实施效果的评估标准

1. 了解信息内容的公众数量

即对开展公共关系活动前后公众对组织的认识、了解和理解等变量进行比较。例如，在公共关系活动开展前后，对同一组公众进行重复测验。或者在一组公众当中开展公共关系活动，而在另一组公众当中不开展这项活动，然后将两组测验结果加以比较。这种方法可用于所有实施效果评估的项目之中。另外，在沟通活动结束后，了解公众观点和态度的变化也可采用这种方法。

2. 改变观点、态度的公众数量

这是评估实施效果的一个更高层次的标准。因为"态度"涉及的范围很广，内容丰富而复杂，而且不容易在短时间内发生变化。例如，煤气电气公用事业公司的节能宣传活动，可能使用户增加"使用隔热天花板可节省空调电费"的认识，但这并不意味着用户在态度上成为能源保护者。评价一个人的态度，要根据一段时期内他在所有有关问题上的立场和观点进行，而不能仅凭一时一事判定一个人的态度发生变化与否。态度与观点和知识的关系大致是这样的：态度可能随着知识与观点的变化而变化；但一个人在知识和观点未发生变化的情况下，也可能发生态度变化。

3. 发生期望行为与重复期望行为的公众数量

行为的改变受到多种因素的影响，行为发生变化的人们在行为发生改变之前，肯定接受了某些信息或在某些方面被说服了。在掌握发生期望行为的公众数量之后，还应该注意了解重复期望行为的公众数量。例如，对戒烟运动，我们不能单纯计算在开展这一运动的第一天内戒烟者的总数，因为这并不能充分地说明这一运动的影响效果。一天或一下午有戒烟行为并不能表明这些人会根除吸烟的习惯。对这些运动的影响效果的评估要根据运动开展以后几个月甚至几年的持续观察数据进行。评估一项公共关系活动在改变人们长期行为方面取得的效果，需要较长时期的观察，并取得足以说明人们行为调整后不断重复与维持期望行为的有力证据。

4. 达到的目标与解决的问题

这个评估标准是公共关系活动效果评估的最高标准。公共关系计划目标的实现，可以表现为取得理想的选择结果，筹措资金的数额达到预期指标等。有时，公共关系活动产生的结果并非完全与计划目标相一致，但是这些结果同样是积极的，可以认为是达到计划目标的其他表现方式。在这种情况下，这些结果也应该作为评估公共关系活动效果的根据。例如，前面提到的节约能源宣传活动，其目标是减少总的能源消耗。其结果却表现为人们增加了对节约能源的兴趣、增长了这一方面的知识，甚至改变了使用燃气与电器时的不良习惯。从表面看来，这次运动的结果与既定的目标不完全吻合，但是这些结果也是可以说明这次宣传活动是成功的。

学习笔记

> **小贴士**
>
> **公共关系评估注意事项**
>
> 1. 由于所要完成的公共关系工作或项目的目标不同，公共关系行业没有制定出适合所有公关活动、项目和事件的评估标准与评估模式。一般来说，可以从定性标准与定量标准两方面来考虑。定量标准是对评估标准给予特定的数量化。数量的表示有绝对数和相对数两种。如"要在一个月之内让 10 万人称赞我们的产品"属于绝对数标准。"在这个地区，我们的产品提高了 10％的知名度"属于相对数标准。定性标准是对评估对象进行性质描述。如"这个企业的整体形象很好"，"知道我们产品的人非常多"，"这次活动的影响很大"等。具体说来，如果目标是定性的，如"引起对……的注意""巩固……的形象""引导顾客……""通知公众……"，那么，评价的标准就应能测量信息对人们的态度或外在行为的影响。
>
> 2. 在策划活动方案时，应了解有关的民意调查情况，而不能只靠自己的专业经验办事。在实施活动时，应观察信息传播的情况，通过收集材料进行分析，而不能只同大众媒介的专业人员进行接触。在评估活动效果时，应通过分析邮件或电话中表达的公众意见，利用科学的方法进行公众舆论调查来了解信息的影响，而不能只注重自己和公众接触时所获得的反应。

能力拓展

请对学校的某一合作企业进行调研，选择一个课题，如对该企业的日常公共关系或专题公共关系进行评估。

要求：

对选定的课题，结合所学的公共关系评估内容，从多个角度列出评估内容、评估标准。

步骤二　实施评估

在确定了评估内容、评估标准以后，就可以进入评估实施阶段。

技能训练

你们班级策划了一次与合作企业的联谊活动，请对这次活动进行评估，列出你所使用的评估方法。

对各部分内容所使用的评估方法：

1. 文案策划

_____

_____

2. 活动实施

_____

_____

3. 活动效果

_____

_____

相关链接

公共关系评估方法

(一)自我评估法

自我评估法就是由主持和参与公共关系计划实施的人员来评估工作效果。

采用这种方法的前提是公关人员在公共关系活动的过程中，或者在日常活动中坚持记录有关指标和数据。例如，对比公共关系活动前后企业的销售额数据，记录企业的知名度、美誉度的量化指标，就可比较准确地评估出本次公共关系活动的成果。不仅如此，全面、准确的活动记录还可以帮助公关人员以时间为周期，如按年度评估公共关系活动的效应。

(二)公众评估法

公众评估法就是依据公众的反应评估工作效果，这种方法包括公众意见征询法和公众问卷调查法。

所谓公众意见征询法就是在公共关系活动过程中和结束后，通过对公众的访问和举行公众代表座谈会，或以电话或口头交谈的方式来征求公众的意见。例如，某商厦举办以爱心捐赠为主题的公共关系活动后，随机进行访问调查，被调查的 600 名公众中有 490 人表示知道某商厦，这些人中有 420 人表示对该商厦有好感，则该商厦的知名度为 81.7%，美誉度为 85.7%。

而问卷调查法则是在公共关系活动的准备阶段、结束阶段与结束后 3～6 个月向目标公众发放问卷。通过对问卷的整理、统计、分析来评估本次公共关系活动的效果。

(三)专家评估法

即聘请一些公共关系专家，就事先拟订的公共关系计划、计划实施时采取的措施及实施的效果等，通过调研、分析，请专家们以匿名的方式独自就各项内容发表意见、提出建议，然后由公关人员将第一轮的全体专家意见汇集整理，反馈给每一位专家，请他们再次发表意见，直至意见趋于一致。经过整理分析得出代表大多数专家意见的评判。

小贴士

应充分估计公共关系评估的难度，其原因有三：

一是，公共关系工作成效有些不会在短期内显现。

二是，公共关系成效有时很难用数字表示。

三是，公共关系活动总是处于一定的社会、自然环境中，组织形象及产品销售量的变化可能是由公共关系活动本身引起的，也可能是与营销活动共同努力的结果，有时是由其他社会因素或自然因素引起的。如某地电风扇的脱销主要是天气过于炎热造成的。

因此，要做到科学地评估公共关系，就必须具体问题具体分析，短期、长期评估相区别，定性、定量评估相结合，排除各种干扰因素，用严谨的态度，对公共关系效果进行准确、科学的评估。

能力拓展

1. 请对学校的某一合作企业进行调研，选择一个课题，如对该企业的日常公共关系或专题公共关系进行评估。

要求：

对选定的课题，在确定评估内容、评估标准以后，做尽可能全面的评估，并形成评估意见。

2. 请你对"A公司大型公益巡展活动"案例中的整体公关活动进行评估，对项目调研、项目策划两个部分进行详细的评估，要求写明评估内容、评估标准、评估方法，并形成初步的评估报告。

步骤三　撰写评估报告

公共关系评估报告是评估工作的最终成果。公共关系评估报告是评估工作的成果形式，通过文字、图表或其他形式来体现公共关系工作的成绩、经验、问题、建议等，是对整个公共关系评估工作的总结。它最显著的功能是为以后的公共关系工作乃至组织战略决策提供充分的依据。

技能训练

选择一个企业已经开展的专题公共关系活动，对其活动效果进行评估，并撰写评估报告。

要求完成以下训练任务：

1. 收集公众、媒体等方面的信息，做好记录。

_____

_____

2. 确定评估内容、评估标准、评估方法。

_____

_____

3. 利用多种方式，如问卷、电话、网络、访谈等，收集公众的意见，并对信息进行整理、归纳、分析、统计，得出结论，包括企业知名度、美誉度，达到的目标，解决的问题等。

_____

_____

4. 撰写评估报告。

_____

_____

相关链接

一、撰写公共关系评估报告的原则

评估报告的撰写除了要遵循科学性、真实性、公正性的基本要求之外，还应遵循以下几项原则。

(一)围绕中心

公共关系评估报告要紧紧围绕公共关系方案目标是否实现，或者公共关系问题是否解决来撰写，不可游离于主题之外。

(二)内容完整

公共关系评估报告应反映以下主要内容：对评估工作的目的、对象、标准、方法、过程、结果进行全面的概括；正文内容与附件资料要配套一致，附件资料要能有效地说明和补充正文内容；被评估的范围和对象要做到完整无缺，没有遗漏。

学习笔记

(三)现实性强

公共关系评估报告应具有很强的现实性。它来自组织的公共关系实践活动，又要指导组织今后的公共关系实践活动。因此，评估报告的撰写要立足于问题的解决、经验教训的阐述以及今后工作的建议等，否则，评估报告将失去意义。

(四)客观独立

在撰写公共关系评估报告的过程中，要经常与组织的领导和员工接触。评估人员要做到客观观察、独立评判，避免受到外界的干预和影响，力戒片面与掩饰。评估报告必须反映评估人的独立结论。

二、公共关系评估报告的构成要素与结构格式

(一)公共关系评估报告的构成要素

公共关系评估报告因评估的目的不同，评估的项目和对象不同，其具体内容也千差万别。但一个完整的评估报告，应具备一些特定的构成要素。

1. 评估的目的及依据

即为什么要进行公共关系评估，通过评估解决什么问题，以及评估所依据的文件精神或者会议要求等。

2. 评估的范围

公共关系活动涉及的范围较广，为了突出重点，缩短篇幅，利于评估结果的运用，报告书必须明确公共关系评估的范围。

3. 评估的标准和方法

报告书中应说明评估的标准以及评估过程所采用的方法，如观察法、问卷调查法、比较分析法、文献资料法等。

4. 评估过程

简要说明评估是怎样进行的，分哪些阶段。从阅读报告书的过程和采用的方法等可以判断评估是否科学、系统、规范、完整。

5. 评估对象的基本情况

公共关系评估报告中必须说明评估对象本身的情况，包括活动或项目名称、开展时间、实施的基本情况与特点等。

6. 内容评估、分析与结论

评估报告中应写明被评估的公共关系活动或项目的内容，对运作与执行及其效果、效益进行分析，进而得出客观、公正的结论。

7. 存在的问题及建议

评估人根据掌握的实际材料、相关情况，提出仍然存在的问题，并提出解决问题的意见。

8. 附件

附件主要包括附表、附图、附文三部分。

9. 评估人员名单

包括评估负责人，参加评估人员的姓名、职业、职务、职称等。有时为了利于咨询，评估人还需要写明电话、通信地址、邮政编码。

10. 评估时间

由于公共关系活动处于动态中，在不同时间评估所得出的结论会不同，因此，评估报告必须写明时间或评估工作开展的阶段。

(二)公共关系评估报告的结构格式

1. 封面

封面的主要内容包括评估报告或项目的题目、评估时间、评估人(单位名称)以及保密程度、报告书编号。题目要反映出评估的范围和对象。排版应醒目、美观。

2. 扉页

写明评估成员及负责人。

3. 目录

列出评估报告的具体章节名目，以方便人们阅读。

4. 前言

写明评估任务或工作的来源、根据，评估的方法、过程以及其他特别需要说明的问题。也有的评估报告把评估的方法、过程等写进正文部分。

5. 正文

正文是评估报告最重要的部分，也是评估报告的主体。它包括评估的原则、方法、范围、分析、结论、存在的问题、建议等。

6. 附件

附件内容是对正文内容的详细说明和补充，是正文的证明材料。

7. 后记

主要说明一些相关的问题。比如，评估报告传播的范围，致谢参加人员以及相关单位等。

学习笔记

小贴士

撰写公共关系评估报告应注意的问题

　　公共关系评估报告的写作是有相当难度的，要求撰写人员具有较高的公共关系理论和实务水平，具有较强的写作能力。公共关系评估报告既要求有理论深度，又要求有可读性与生动性。为此，除格式方面的要求外，在写作过程中，还应注意如下问题：

　　1. 写作"五忌"：一忌数字不准确，情况失实。二忌没有观点，没有数据。三忌观点、材料不统一。四忌报喜不报忧。五忌穿靴戴帽，套话连篇。

　　2. 建议与策略应具有针对性与可操作性。

　　3. 语言准确、精练，可读性强。

　　4. 结论客观、准确。评估结论要客观、准确，既要看到成绩、效益，也要看到缺点和问题。在结论中，要避免"可能""大概""也许"等模糊语言。所有的结论都应该找到相应的材料作证明。

学习笔记

能力拓展

　　在前面的训练中，同学们被要求选择一个大型社区，由学生会、团委组织一次"进社区阳光行动"，利用自己的专业技能为社区百姓服务。请同学们在该活动实施中、结束后，对该活动效果进行评估。

　　要求：拟写评估方案(包括确定评估内容、标准、方法、人员、时间、评估提纲等)，并撰写评估报告。

项目拓展训练

　　与学校的一个合作企业开展一次专题公共关系活动，与企业公关人员合作，从策划活动方案，到活动实施，再到对这次活动进行评估，全程参与。

　　要求完成以下训练任务：

　　1. 策划一次专题公关活动，拟写活动方案。

_____

_____

　　2. 拟写活动实施方案，并参与实施过程。

_____

_____

3. 在活动实施过程中，注意收集公众、媒介等方面的信息，做好记录。

4. 确定评估内容、标准，拟订评估提纲。

5. 活动结束后，利用多种方式，如问卷、电话、网络、访谈等，收集公众的意见，并对信息进行整理、归纳、分析、统计，得出结论。

6. 撰写评估报告。

📜 项目实施评价

本项目完成后，应从以下几个方面对完成效果进行评价。

1. 筹备公关活动评价指标

(1)能够正确选择与确定活动场所。

(2)能进行项目结构分析，并绘制 WBS 图。

(3)能用多种网络图，编制活动进度计划表。

2. 实施公关活动评价指标

(1)会拟订接待工作计划，并实施。

(2)会拟订活动流程，并跟踪、检查、监控活动情况。

(3)会拟订规范、完整、适用的活动实施方案。

3. 评估公关效果评价指标

(1)会选择和确定评估内容、标准、方法。

(2)评估报告科学、客观、严谨、内容充实、语言精练。

(3)评估报告结构严谨、完整、规范。

4. 综合评价指标

(1)具有团队合作意识、系统思维能力。

(2)具有较强的文字写作能力。

✎ 学习笔记

表 3-6　项目评价评分表

团队名称：		优 (4分)	良 (3分)	中 (2分)	差 (1分)
	评分标准				
筹备公关活动评价指标	能够正确选择与确定活动场所				
	能进行项目结构分析，并绘制 WBS 图				
	能用多种网络图，编制活动进度计划表				
实施公关活动评价指标	会拟订接待工作计划，并实施				
	会拟订活动流程，并跟踪、检查、监控活动情况				
	会拟订规范、完整、适用的活动实施方案				
评估公关效果评价指标	会选择和确定评估内容、标准、方法				
	评估报告科学、客观、严谨、内容充实、语言精练				
	评估报告结构严谨、完整、规范				
综合评价指标	具有团队合作意识、系统思维能力				
	具有较强的文字写作能力				
小组评定总分及评议：				签名：	
教师评定总分及评议：				签名：	
企业评定总分及评议：				签名：	

表 3-7　各实训团队合计实训成绩

团队名称	A 团队	B 团队	C 团队	D 团队	E 团队	F 团队
合计分数						

项 目 反 思

　　回顾本项目——"公共关系实施与效果评估"各任务的实施过程，出现的主要问题、难点及解决方案，谈谈自己的体会和收获。

_____

_____

_____

组织形象是社会公众对于组织的总印象和总评价，其含义包括三个方面：第一，组织形象是一种总体评价，是各种具体评价的总和。具体评价构成局部形象，总体评价组成总体形象。第二，组织形象的确定者是公众，社会公众是组织形象的评定者。第三，组织形象的好坏源于组织的表现。社会公众对组织的印象和评价不是凭空产生的，也不是强加给组织的，而是组织的特征和表现在社会公众心目中的印象。

项目四
组织形象塑造

项目目标

知识目标

- 理解组织形象的构成要素
- 熟悉组织形象管理的基本内容
- 掌握组织形象识别系统的概念、组成及设计方法

能力目标

- 会对组织形象进行分析和评判
- 会设计企业形象识别系统（CIS），包括理念识别系统（MIS）、行为识别系统（BIS）和视觉识别系统（VIS）

项目描述

　　富室城公司为迎接成立 40 周年纪念日，进一步扩大对公众的影响，决定利用周年庆典这一契机，对企业的理念、行为、视觉形象等进行全面全新的设计，包括企业理念识别系统、企业行为识别系统的设计，结合一系列有效的公共关系活动，进一步打造企业良好的品牌形象和社会形象，提升公司的核心竞争力。

　　公关部把设计、塑造企业形象作为中心工作来抓，整个过程委托专业机构或专家小组协助进行，企业在组织形象策划、设计过程中起主导作用。首先，对现有组织形象识别系统进行调研、分析，对公司组织形象，包括公司知名度、美誉度等方面进行评价；其次，解决现有识别系统存在的问题，改善已有组织形象，对今后的形象构建确定方向，提出新的形象概念；最后，设计出一系列 MIS、BIS、VIS 方案，并组织 CIS 的对外发布、推广、实施管理等工作。

　　思考练习

　　1. 你认为企业要提升组织形象，从企业内部管理以及公众角度，应该做好哪些方面的工作？

　　2. 就你所了解的企业识别系统，如企业理念、经营行为、企业标志、吉祥物设计等，体现得较好、给你印象深刻的内容有哪些？有哪些方面需要改进？

项目任务

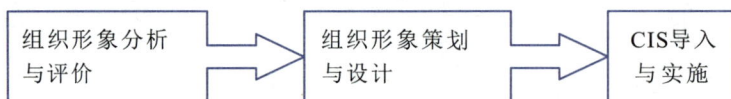

组织形象分析与评价　→　组织形象策划与设计　→　CIS导入与实施

项目实施

任务一

组织形象分析与评价

　　随着市场经济的发展，组织的生存环境发生了很大的变化，竞争已经从单一产品的价格战、质量战、品牌战，逐步演变为企业综合形象战。公共关系的目标之一就是塑造组织良好的社会形象。因此，研究公共关系，必须研究组织形象问题。

组织形象是一个整体概念，是公众对组织的认识、看法和评价，对于组织的生存和发展至关重要。良好的组织形象是组织无形的财富，不仅能提升组织的知名度和美誉度，而且能大大地增强组织在同业中的竞争能力，使组织的各项活动都能在有利的条件下开展，在竞争中立于不败之地。

步骤一　分析组织形象

在对组织形象调查的基础上，通过对调查信息的收集、整理，从以下两个方面分析组织形象。

一、组织形象要素分析

了解了组织形象在公众心目中的地位后，还必须了解公众为什么会形成这样的印象。因此有必要进一步分析构成组织形象的具体要素，进而确定改进的方向。

组织形象是由多方面要素构成的，这些要素主要包括：组织的服务措施是否正确、产品质量好坏、办事效率高低、服务态度是否诚恳、业务是否有创新、公司规模大小、广告投入是否充足、公关活动是否活跃等。

二、组织形象差距分析

将组织自我希望具有的社会形象与实际具有的社会形象进行对比，就可以发现其中的差距。自我期待形象高于实际的社会形象，这并不奇怪。如果组织提出的期待形象与实际社会形象等同，或低于实际形象，那就不能达到激励组织前进的目的了。揭示两者之间的差距，可为今后的公关工作指出前进的方向。

案例

××的企业形象塑造

一、××的经营哲学

1. Quality（质量）

为保证较高的食用标准，××与优秀的供应商建立联系，选用上乘的原料，配合严格的制度控制和检验，单是牛肉饼就经过40次的质量检查，所有××食品在送入客户手中之前，都必须经过一系列周密的品质保证系统。

2. Service(服务)

快速、友善、可靠的服务是××的标志，每一个员工都以达到"百分之百顾客满意"为基本原则。

3. Clean(清洁)

从厨房到餐厅门口的人行道，处处体现了××对清洁卫生的注重，顾客在××能享受到干净、舒适、愉悦的用餐环境。

4. Value(价值)

物有所值是××对顾客的承诺，在××既可享用到健康食品，亦可享有合理的价格保证，使顾客深深感受到××是一个好去处。

二、××的愿景

成为世界最佳用餐经验的快速服务餐厅。

对××而言，"最佳"意味着我们的品牌在全球得到信赖和尊崇。

对我们的顾客而言，"最佳"意味着在世界的任何地方，每一次光临××都能享受出众的品质、服务和清洁，并感到物有所值，同时能够为顾客带来欢笑。

对我们的社区而言，"最佳"意味着社区因为有我们的存在而感到骄傲。

对我们的持牌人而言，"最佳"意味着有成功的把握，可以创造财富，并与××建立高度合作的伙伴关系。

对我们的员工而言，"最佳"意味着机会、奖励、全球性的发展及有意义的工作。

对我们的供应商而言，"最佳"意味着让他们有信心投资，相信他们能与××一起得到利润的增长，并和××成为业务的伙伴。

对我们的股东而言，"最佳"意味着发展和获利，并能在这个行业中得到最好的回报。

对我们的联合伙伴而言，"最佳"意味着我们与全球最优秀的组织合作，以达到我们与联合伙伴一起奠定的领导地位。

思考与讨论：

1. 上面的案例体现出××哪些方面的组织形象？谈谈你对其组织

📝 学习笔记

形象的看法。

_____

2. 为什么××致力于塑造组织形象？其组织形象塑造体现了哪些原则？

_____

技能训练

1. 同学以小组为单位，在调查的基础上，总结分析上学期本班的班风和学风情况，从班级形象要素、形象差距方面进行分析。以"新学期，新形象"为目标，为班级提几条建议。

_____

2. 选择一个企业，通过调查，收集相关信息，根据调查的结果，对组织形象要素进行分析，写出分析、评价意见。

_____

提示：

分析组织的社会形象，要认真分析构成组织形象的具体要素，通过组织形象要素调查表（表 4-1）获取数据。

表 4-1　组织形象要素调查表

调查项目	正评价			中	负评价			调查项目
	非常	相当	稍微		稍微	相当	非常	
服务方针正确	70	25	5					服务方针不正确
办事效率高		10	20	65	5			办事效率不高
服务态度诚恳				15	20	65		服务态度不诚恳
公司业务时有创新					20	70	10	公司业务缺乏创新
管理颇有名气						10	90	管理没有名气
公司规模大					25	55	20	公司规模小

相关链接

一、组织形象的构成要素

　　组织形象是一个由丰富的内容和多样的形式构成的完整有机体系，包括主体形象要素、客体形象要素、形象延伸要素三个方面的内容。如图 4-1 所示。

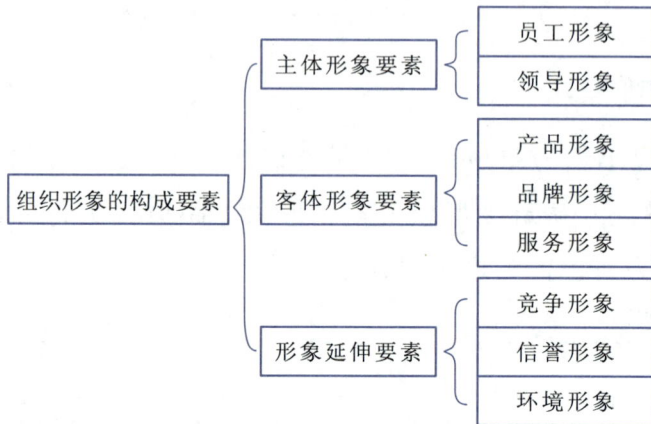

学习笔记

```
                        ┌─ 员工形象
            主体形象要素 ┤
                        └─ 领导形象

                        ┌─ 产品形象
组织形象的构成要素  客体形象要素 ┤  品牌形象
                        └─ 服务形象

                        ┌─ 竞争形象
            形象延伸要素 ┤  信誉形象
                        └─ 环境形象
```

图 4-1　组织形象的构成要素

(一)主体形象要素的塑造

　　主体形象要素是指作为主体的组织和个人应该具备的良好形象，主要包括员工形象、领导形象。

1. 员工形象塑造

　　员工形象是组织员工在职业道德、专业训练、文化素养、精神风貌、言谈举止、服务态度和仪容仪表等方面的集体表现。员工是组织形象的代表和展示者，是组织形象人格化的体现。

　　塑造员工形象的途径主要有：一是提高员工的整体素质，让员工认识形象塑造的重要性和方法，自觉成为组织形象的塑造者和代表者；二是培养员工的敬业精神，要求员工对事业执着追求，对工作一丝不苟，将自己的前途与组织的发展紧密联系起来，以主人翁的态度工作，树立同舟共济、荣辱与共的思想，人人关心组织的经营，人人重视组织的效益，人人珍惜组织的荣誉；三是鼓励员工拥有高尚的情操、进取的精神和健康的价值观，让组织具有蓬勃向上的活力。

2. 领导形象塑造

　　领导形象指公众对领导者的总体看法和评价，包括领导者的外在形象，如领导者的气质、工作作风、交际方式等，领导者的内在素质形象，如理论水平、决策能力、创新精神、道德水平、信念和意志力等。

(二)客体形象要素的塑造

1. 产品形象塑造

产品是企业最重要的代表。产品的形象是最直观、最具体的形象，是公众认识企业形象的第一个触点。塑造产品形象的目标是塑造一个内在质量和外观质量皆使消费者满意、称心的产品形象。

2. 品牌形象塑造

在现代经济社会，市场竞争越来越表现为名牌与非名牌的竞争，企业不仅要创造优质产品，而且要创造著名的品牌。"名牌消费"是现代消费者的一个重要特征，"形象认同"是现代消费者选择商品的一个潜在的心理标准。

对于现代企业来说，打造品牌的途径，一是通过公关策划与宣传，让企业品牌成为地区名牌、国家名牌、国际名牌。这是实现可持续发展和突破性发展的关键。二是广结良缘，与公众保持良好、稳定的合作关系。这种稳定的合作关系，也就是我们常说的"回头客"。通过公关宣传，与公众保持良好、稳定的合作关系，会使组织的公众范围越来越大；反之，组织会很迅速地流失自己的客户。

3. 服务形象塑造

有学者研究发现，一些成功的大企业均以追求优质服务为主要目标。它们的基本理念是："以服务于消费者为目标，利润自然随之而来。"松下幸之助曾说："不论是多么好的销售，若缺乏完整的服务，就无法使顾客满意，并且也会因此而失掉商品的信誉。"

服务形象塑造的途径是为消费者提供优质的售前、售中、售后服务。第一，应不断提高服务质量、服务水平，以优质的服务树立良好的形象。第二，对顾客诚实友善、和蔼可亲、热情接待。第三，服务要公平、公正。服务人员要遵纪守法，遵守职业道德。

(三)形象延伸要素的塑造

1. 竞争形象塑造

在现代市场经济条件下，任何一个企业都无法摆脱竞争环境，竞争环境就是企业的生存环境，因此，以一种良好的竞争形象展现在其他组织及公众面前，是塑造企业形象的一个重要内容。

塑造竞争形象的目标是：塑造一个遵循竞争规则，注意相互协作、相互理解、平等竞争的竞争形象。塑造竞争形象的途径有：把握竞争中

学习笔记

的摩擦点；正确处理竞争矛盾；寻找合作机会。

2. 信誉形象塑造

企业信誉是在长期的业务往来中形成的消费者对经营者的一种信任感。作为一种重要的企业无形资产，企业信誉是企业在其有形资产上能获取高于正常投资报酬能力所形成的一种价值。从公众或消费者的角度看，企业信誉是能给他们以某种信任、荣誉、感情、爱好等方面的满足，满足他们情感渴求和心灵认同的无形价值。

塑造信誉形象的途径有：在经营活动中重合同、守信用；勇于承担社会责任；努力为公众办实事。

3. 环境形象塑造

对企业的外部公众来说，企业环境是他们认识企业形象的窗口。优美、整洁的环境，能给公众留下一个管理水平高、企业有内在活力和蓬勃生机、企业成员精神风貌好的印象。在公众看来，一个脏乱不堪、秩序紊乱的企业是没有能力做出好的业绩，生产出高质量的产品，提供优质的服务的。

塑造环境形象的目标是：塑造一个幽静雅致、整洁有序、个性鲜明的企业环境形象。塑造环境形象的途径有：注重环境的全方位美化；注重环境的个性特征。

二、组织形象塑造的原则

组织形象塑造的原则是组织制定、实施组织形象战略必须遵循和贯彻的指导思想，是塑造组织形象的行为准则。

(一)以质量为本的原则

经营者永恒的主题就是以质量取胜，以质量悦人。质量不仅表现在产品上。在服务行业，服务质量就是树立企业形象的关键。××公司总是保证及时将客户的订货送到他们规定的地址。有一次长途运输车出了故障，有一家商店差点中断生面团的供应。公司总裁得知后当机立断，包了一架飞机，把生面团及时送到那家商店。当时有人提出疑问说："几百斤生面团，值得包一架飞机吗?"总裁回答说："我们宁可赔上高价的运输费，也不中断商店的供货。飞机送去的不是几百斤生面团，而是本公司的信誉!"

(二)视信誉为生命的原则

良好组织形象的核心指标是信誉，欲塑造良好形象的企业必须视信誉为生命。信誉好的企业和名牌商品在消费者心目中树立了牢固的形象基础。

　　信誉是企业的生命，是无可替代的财富。企业塑造形象，首先要坚持"信誉高于一切"的原则。当然，企业要取得信誉绝非一日之功，需要长时期地重视质量，既要有优质产品，又要有优质服务。

(三)注重全局的原则

　　对于一个组织来说，树立良好的组织形象是一项全方位的工作，这是由组织形象的整体性特点决定的。它主要包括四个方面：

　　一是组织形象的目标具有全面性的特点；二是组织形象涉及各个方面；三是组织形象的塑造需要全体人员共同努力；四是塑造良好形象应运用多种方法。

　　正因为塑造良好的组织形象涉及组织的许多方面，所以要求组织必须注重全局，切忌各部门各自为政，一定要从全局出发，制定统一的公共关系策略来协调组织的公共关系活动；公关部门应事先争取各有关部门的支持、配合，求得协调一致，以防止出现自相矛盾的做法，造成不良后果，给组织的整体形象带来消极影响。

(四)注重传播的原则

　　一个良好的组织形象，首先来源于这个组织的行为，来源它的实力和努力。但是，仅靠这些是不够的，还需要利用良好的公共关系活动进行有效的传播。这就是说，组织必须通过适当的渠道宣传自己，使自身形象尽可能在更多的公众心目中留下好的印象。

小贴士 🌊

捕捉组织形象塑造的有利时机，以达到事半功倍的效果

　　时期不同，组织形象塑造的途径和方法会有所不同。能巧妙地把握时机，因势利导，就能收到事半功倍的效果。

一、组织创立时期

　　组织创建开业时，还未与社会各界建立广泛的联系，知名度不高。这时，组织如能确立正确的经营理念、完善的组织和员工行为规范，设立独特的视觉识别系统，以及最佳的传播方式和媒介，就能给公众留下美好的第一印象。

二、组织顺利发展时期

　　这时应致力于保持和维护组织的形象和声誉，巩固已有成果，再接再厉，进一步提高组织的知名度和美誉度，以强化组织在公众心目中的良好形象。组织处于顺利发展时期，其各方面的运转情况往往较好，因此，可供利用的宣传机会和"扬名"机会当然也会多些。"经济效益上台阶，文化生活辟新路，组织荣誉接踵而至，社会公众赞扬多"等，都是可以利用的极好契机。

三、组织处于逆境时期

当组织处于逆境之中时，公关人员最主要的是要沉着、冷静，善于捕捉有利时机，采取灵活机动的宣传策略，以赢得组织内外公众的支持、理解和合作，助组织顺利渡过难关。就算是组织处在最困难时期，只要公关人员勤于思考，敏于发现，总能找到一些组织的亮点。如某企业可能因经营不善导致亏损，经济效益下滑，员工福利受到影响，外部的公众如供应商、代理商、顾客组织的支持力度也有减弱的趋势，组织看起来处境堪忧。这时，公关人员便要努力寻找组织亮点，如企业虽暂时处于困境，但有雄厚的基础，或者有良好的企业形象或者有超强的技术开发实力，或者有诱人的发展前景，或者有乐观自信的员工……这些都可作为对内对外宣传的突破点，作为使组织重新赢得公众信心的催化剂。正如一句流行语所说，"办法总比困难多"。

四、组织推出新产品、新服务项目、新的经营方式时

这时组织面临的最大挑战就是如何消除公众的观望与等待的态度。由于受人们消费惯性的影响，社会公众在组织推出新产品、新服务或新举措时，往往会持观望与等待态度。这表明消费者对这些新产品、新服务、新举措还不了解，还有疑虑，还存有戒备心理。因此，这时公关部门应主动出击，采取有针对性的措施，如现场产品（服务）展示、操作示范、广告宣传、顾客承诺等，消除公众的疑虑和摇摆态度，把公众的注意力尽快地吸引到新产品、新服务或新举措上来。

能力拓展

选择学校的一个合作企业，对企业内部、外部进行调研，结合组织形象的构成要素，分析企业形象，重点分析构成组织形象的具体要素，以及组织形象差距，进而确定改进的途径。

步骤二　评价组织形象

知名度与美誉度是组织形象的基本标志。评价组织形象最基本的指标有两个：一是知名度。知名度是指一个组织被公众知晓、了解的程度，是评价组织名气大小的客观尺度。二是美誉度。美誉度是指一个组织获得公众信任、赞许的程度，是评价组织社会影响好坏程度的指标。

知名度与美誉度分别从量和质两个方面评价组织形象，高知名度和高美誉度是组织树立良好形象的追求目标。

组织形象的评价指标有多个，常见的有知名度和美誉度两种，具体的测评方法如下。

一、知名度的测评

知名度是公众对组织的知晓和了解程度，是反映组织名气大小的客观指标，侧重于对"量"的评价。其计算公式为：

知名度＝知晓公众人数÷受调查人数×100％

二、美誉度的测评

美誉度是指一个组织获得社会公众信任和赞许的程度，或者说获得正面评价的程度，是衡量一个组织影响好坏程度的指标，侧重于对"质"的评价。其计算公式为：

美誉度＝正面评价人数÷知晓公众人数×100％

技能训练

在对一个企业调研的基础上，对其知名度和美誉度进行测评。

相关链接

一、组织形象地位的评估

组织在公众心目中的知名度和美誉度，是评价组织形象的重要指标。

四象限分析法是把组织形象的两大指标——知名度与美誉度在坐标图上分横、纵两个方向展示出来，以揭示组织的形象地位的一种方法（见图 4-2）。四象限分别表示不同的知名度和美誉度。处在不同象限中的组织，其公共关系的策略也有不同。

象限Ⅰ代表高知名度高美誉度区，象限Ⅱ代

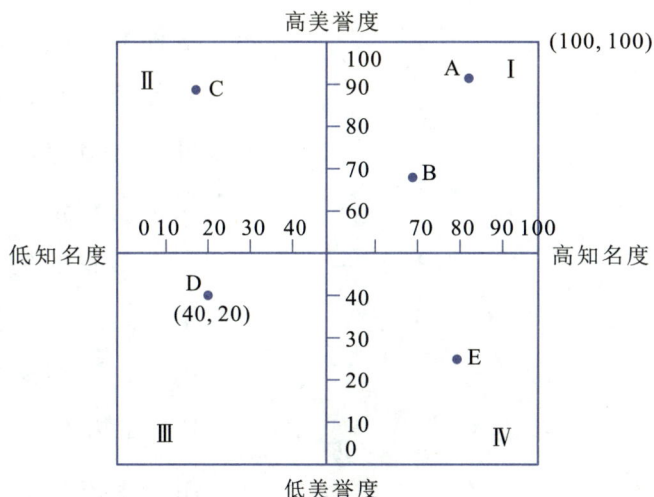

图 4-2　组织形象四象限图

表低知名度高美誉度区，象限Ⅲ代表低知名度低美誉度区，象限Ⅳ代表高知名度低美誉度区。

就一个组织的形象，对100名公众进行抽样调查：

如果百分之百的人对此公司表示了解和知道，并且对它感兴趣和赞赏它，那么该公司的知名度和美誉度均为100，该公司的形象地位就处于象限Ⅰ的（100，100）点处。如果在被调查的100名公众中，只有40个人知道和了解该公司，那么它的知名度则为40，在知道这个公司的40个人中，如果仅有8人对该公司表示赞赏，占40人的20%，那么这个公司的美誉度则为20，该公司的形象地位便处于象限Ⅲ的（40，20）点处。

二、现代组织形象的特征

（一）现代组织形象具有独特性

良好的组织形象应该具有区别于其他企业的特性，组织形象只有个性、独特，才会给人们留下深刻的印象，才会提高组织的竞争能力。组织要想脱颖而出，就必须塑造与众不同的良好组织形象。组织形象与众不同不但有利于消费者的识别，而且有利于表现企业产品服务的差别，有利于企业赢得顾客，保持信誉，击败竞争对手。只有具有独特个性的组织形象才价值无量。

（二）现代组织形象具有整体性

树立一个完美的让人难以忘却的良好形象，必须付出艰苦不懈的努力。这种努力应该是全方位的，因为组织形象具有整体性特点。企业形象由企业精神、企业文化、经营哲学、员工形象、产品形象、服务形象等多种要素组成，或者说是各种形象要素的综合。这些形象要素无论哪个失误都会对企业形象的整体性产生影响。

组织形象的整体性包括三个方面的含义：

第一，组织形象是由组织的全部活动决定的。

第二，组织形象是由组织的全部管理过程决定的。

第三，组织形象是由组织的全部成员共同塑造的。

组织形象是指企业素质、宗旨和行为在社会公众心目中的感受、印象和地位。如一个企业，其企业形象的树立体现在每一个员工的行为上，贯穿于企业的每一项活动之中。在塑造企业形象的过程中，必须人人关心、人人参与，每个员工都要有维护自己企业形象的进取精神。一位售货员对顾客态度恶劣，整个商场的形象在顾客心目中就被破坏了。很清楚，人们总是从一滴水看大海，从一个人的精神面貌和行为透视企业的精神、理念。一位住在上海某大酒店的旅客在深夜一点钟悄悄走出客房观察，发现前厅服务员个个精神抖擞地站在自己的岗位上，大为感动，钦佩地说："这种敬业精神不是金钱能买来的。"这家酒店依靠每一位员工的努力，塑造了闻名全国的服务行业形象。

(三)现代组织形象具有识别性

企业形象既是公众对企业总体的、抽象的、概括的认识和评价，又是组织现实的再现。由于组织形象的整体性和独特性包含形形色色的具体内容，因此，组织形象必定会被公众所认识、所识别。这就形成了组织形象的识别性。无论人、事、物有多么深刻的内涵，都可能从言、行、举、止、形、姿中被他人感受、识别。良好的组织形象必定具有可识性和易识性。组织形象若要被公众迅速接受，易识性至关重要。

(四)现代组织形象具有深刻性

良好的组织形象实际包含了很深刻的东西，任何一家企业都在通过自身的行为或可识别的标志展示企业的经营作风、精神风貌及企业风尚。良好的企业形象决定了企业文化必然是健康高尚的。企业文化是深层次的企业形象。企业文化涉及企业的各个部门，渗透在各项工作之中，包括企业哲学、企业精神、企业民主、企业道德、企业风尚、企业目标、企业制度，以及全体员工对企业的责任感和荣誉感等。企业形象的深刻性，决定了企业形象塑造的艰巨性和长期性。

技能训练

一个组织经调查其知名度为76%，美誉度为52%，请画出这一组织的组织形象四象限图，并说明该组织应如何朝着"双高"(即高知名度、高美誉度)努力，进一步塑造良好形象。

学习笔记

小贴士

组织形象四象限图的分析及运用

组织形象四象限图不仅直观地显示了组织在公众心目中的形象，初步诊断了公共关系的问题，而且为制定公共关系的策略、措施提供了依据，是公共关系工作决策的必要步骤。

在组织形象四象限图中：Ⅰ区表示高知名度、高美誉度，说明组织的公共关系属于最佳状态。将来的问题是如何保持荣誉，更上一层楼。但是要注意，过高的知名度会给美誉度造成压力，必须时刻保持高度的警惕。Ⅱ区表示高美誉度、低知名度，说明组织的公共关系处于较为稳定、安全的一种状态。公共关系工作的重点应该是在维持美誉度的基础上，提高知名度。Ⅲ区表示低知名度、低美誉度，说明组织的公共关系处于不良状态。在这种状态下，组织首先应该完善自身，争取较高的美誉度，而在传播方面暂时保持低姿态，待享有较好的美誉度以后，再大力做好提高知名度的工作。Ⅳ区表示高知名度、低美誉度，说明组织的公共关系处于"臭名远扬"的恶劣状态，不仅信誉差，而且知道者甚众。在这种情况下，其公共关系工作的重点首先在于降低已经负面的知名度，减少舆论界的注意，默默地努力改善自身，设法逐步挽回信誉，提高美誉度，再求发展。

能力拓展

选择学校的一个合作企业，对组织形象进行分析、评价。

要求：

1. 对企业内部、外部进行调研，收集相关信息，根据调查的结果，对组织形象要素进行分析，写出分析、评价意见。

2. 利用知名度、美誉度的测评方法以及组织形象四象限图，对企业进行测评，并且在测评的基础上，分析该企业形象塑造成功的奥秘所在，并提出进一步塑造良好企业形象的途径。

任务二

组织形象策划与设计

为有效塑造组织形象，自 20 世纪 50 年代开始，世界上各大企业纷纷开始在经营管理中引入 CIS 体系。这种体系自 20 世纪 80 年代开始在我国逐渐得到运用。CIS(corporate identity system)，意为企业识别系统，是指将企业的经营观念与精神文化运用整体传达系统传达给企业周围的公众或者团体，反映企业的自我认识和公众对企业的外部认识，以产生一致的认同感与价值观念。它由企业理念识别(MI)、行为识别(BI)以及视觉识别(VI)三个有机整合运作的子系统构成(见图 4-3)。

在组织形象系统中，理念形象是最深层次、最核心的部分，也最为重要，决定行为形象和视觉形象；而视觉形象是最外在、最容易表现的部分，它和行为形象都是理念形象的载体；行为形象介于上述二者之间，既是理念形象的延伸和载体，又是视觉形象的条件和基础。

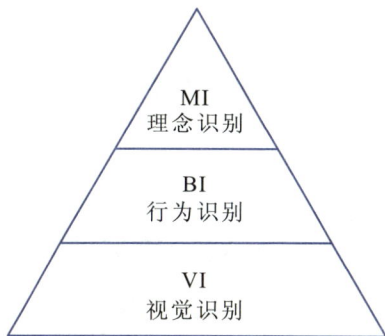

图 4-3　CIS 的构成要素

步骤一　理念识别(MI)的设计

MI 是企业的思想系统和战略系统，包括组织理念、组织文化、价值观念、经营思想等。MI 是 CI 的核心和起点，对 BI 和 VI 具有决定作用，并通过 BI、VI 表现出来。例如，一个人的气质要通过他的行为、外表被别人感受到。MI 一般由经营宗旨、经营理念、精神标语和座右铭表现出来。

案例

××快递的理念识别(MI)方案

公司简介：××快递拥有 26 万名员工，为全球超过 200 个国家及地区提供快捷、可靠的快递服务。××快递设有环球航空及陆运网络，通常只需一至两个工作日，就能迅速运送时限紧迫的货件，而且确保准时送达。

企业精神：人性化的服务精神。

经营理念：员工、服务、利润(P-S-P)，核心强调打动员工的心。

形象口号：使命必达。

具体阐述：

1.××快递具有个性化的企业精神——人性化的服务精神。

中国 3 000 多名员工，特别是那些每日奔波在一线的递送员，需要这种精神。

2.××快递具有特性的经营理念——打动员工的心。

(1)员工、服务、利润(P-S-P)。

学习笔记

员工(people)——打动员工的心;

服务(service)——为顾客提供最好、最快的服务;

利润(profit)——在此基础上获取利润。

(2)核心。将员工看成资产,而不是资本。

(3)内涵。关心我们的员工,他们就能为客户提供高品质的服务,而满意度高的客户能带给我们更多的业务,从而带来效益。这份效益再分享给我们的员工,从而形成一个循环。

例如,公司高层管理人员经常到现场去和一线员工沟通,他们和员工见面的方法有很多。比如,有的会直接到运送站里去,在直接主管不在场的情况下和员工见面。还有一年一度的员工联谊会,大家借此机会相聚在一起,施展才艺的同时畅所欲言。高层管理人员都会到场,员工在表演魔术的时候,还请高层管理人员一起表演,这种活动增进了管理人员和员工之间的相互了解。

3. ××快递具有感召力的形象口号——使命必达

理念引导的结果是:××快递——使命必达。

思考与讨论:

××快递的理念识别系统(MIS)包含哪些部分? 各部分内容有何特色,对于塑造组织形象有何作用?

技能训练

"快!快!快!"物流有限公司创建于2001年,经过20年的发展,在全国各大中城市拥有100多个网点,形成了高效的物流网络,具备全国性的综合物流服务能力。它强力整合公路、铁路、航空、水运的运输资源,实现多种运输模式最佳组合,为客户提供快准运输、高效仓储、精益配送等物流服务。

在2019年年底,某市场调查公司调查发现,公众并不完全了解"快!快!快!"物流有限公司,公司形象塑造力度明显不够。2020年年初,该公司管理层经多方研讨,在经营会议上提出,为适应新时代的发展,将对公司进行全面形象改造——确认实施CI导入。

要求:按照上述工作情境,请你为这家物流企业进行初步的CI策划,首先进行MI的设计。

学习笔记

🔍 案例

××集团公司经营管理理念识别(MI)

海尔定律(即斜坡球体论)：企业如同爬坡的一个球，受到来自市场竞争和内部职工惰性而形成的压力，如果没有一个止动力它就会下滑，这个止动力就是基础管理。以这一理念为依据，××集团创造了"OEC管理"，即××集团模式。在此基础上，××集团倡导"敬业报国，追求卓越"的企业精神和"迅速反应，马上行动"的工作作风，坚持"用户永远是对的"的服务理念，并把"创中国的世界名牌"作为××集团的发展目标，矢志不渝。这些理念使××集团逐渐形成了个性鲜明的组织形象。

思考与讨论：

写出你对××集团 MI 的评价意见。

✏️ 技能训练

富室城公司决定利用 40 周年庆典这一契机，对企业的理念形象、行为形象、视觉形象等诸方面进行全面全新的设计。

要求：设计该公司的 MI。

📖 相关链接

一、理念识别系统(MIS)的内容

MIS 是 CIS 战略运作的原动力和实施的基础，是 CIS 系统的最高层次。完整的企业识别系统的建立，有赖于企业经营理念的确立。企业理念有其丰富的内容和构成要素，主要包括：企业使命、经营宗旨、经营哲学、经营战略、经营方针、行为准则、企业价值观等。这些内容和要素构成了理念识别系统。例如，国际商业机器公司(IBM)把"以人为核心，并向用户提供最优服务"确定为企业精神，从而把该公司的基本风貌、传统习惯、经营方针等方面的基本特色以及获得成功的基本经验画龙点睛般地概括出来了。

二、企业理念的定位

企业理念是企业的灵魂和核心，是企业运行的依据。因此，企业理念的定位是否准确，不仅直接影响企业行为识别系统、视觉识别系统的开发与实施，而且最终影响企业营运成功与否。企业理念的定位可采用以下七种模式。

(一)目标导向型

采用这种定位模式，企业将其理念规定或描述为企业在经营过程中所要达到的目标和精神境界。它可分为具体目标型和抽象目标型。具体目标是指企业要达到的销售、利润或市场目标，而抽象目标往往是指企业所要达到的一种社会目标或所要实现的一种精神境界。现实中，各企业更倾向于使用抽象目标来规定企业理念。例如，某汽车公司的"以生产大众喜爱的汽车为目标"即属具体目标，某公司的"为了更好地生活，制造更好的产品"即属抽象目标。

(二)团结凝聚型

采用这种定位模式，企业将团结奋斗作为企业理念的内涵，以特定的语言表达团结凝聚的经营作风。这种定位有利于加强全体员工的团结合作精神，促进企业内部形成和谐融洽的工作气氛，更大程度地发挥员工的积极性和创造性，同时还有助于获得公众的认同。例如，某航空公司的"亲如一家"，即属此种类型。

(三)开拓创新型

采用这种定位模式，企业以拼搏、开拓、创新的团体精神和群体意识来规定和描述企业理念，目的在于激发员工的创造力和创新意识，不断开发新产品以满足市场不断升级的产品需求，提高企业的竞争能力。例如，某公司的"不断去试，不断去做"，即属此种类型。

(四)产品质量型

采用此类定位模式，企业一般用质量第一、注重创名牌等来规定或描述企业理念，目的是以产品的高质量来树立企业的良好形象。如某股份有限公司的"至尊'英雄'，卓越风范，赶超一流"等。

(五)技术开发型

采用此类定位模式，企业以尖端技术的开发意识来代表企业精神，着眼于企业开发新技术的观念。这种定位模式与开拓创新型较相似，不同之处在于开拓创新型立足于一种整体创新精神，渗透于企业技术、管理、生产、销售的方方面面，而技术开发型立足于产品的专业技术的开发，内涵相对要窄得多。如某公司的"忘记了技术开发，就不配称为精品"等。

(六)市场营销型

采用此类定位模式的企业，强调自己所服务的对象，即顾客的需求，以顾客需求的满足作为自己的经营理念。如某百货公司的"价廉物美"等。

(七)优质服务型

采用此类定位模式的企业突出为顾客、为社会提供优质服务的意识，以"顾客至上"作为其经营理念。这种理念在许多服务性行业如零售业、餐饮业、娱乐业中极为普遍。例如，某饭店的"为旅客提供最经济、最方便、最令人舒畅的住宿条件"。

三、设计 MIS 的方式

企业设计 MIS 时，可采取两种方式。

(一)标语口号式

即用简练的语言来表达企业的思想、精神，代表企业的理念体系。如某电器公司的"让我们做得更好"，某科学公司的"为了更好地生活，制造更好的产品"等。这种标语口号式的理念设计，还可以将品牌名称与企业理念巧妙地融为一体，如海尔集团的"真诚到永远"，IBM 公司的"IBM 就是服务"等，既传播了企业理念，又展示了产品形象。

(二)组织宣言式

即针对企业的特点系统设计，将企业理念设计为主题理念、经营哲学、人才观、准则等。例如，海尔集团的理念系统如下：

海尔理念：海尔只有创业，没有守业。

海尔目标：海尔——中国的世界名牌。

海尔原则：不能对市场说"不"。

海尔管理模式："OEC 管理法"，即日事日毕、日清日高。

海尔标准：紧盯市场创美誉。

海尔作风：迅速反应，马上行动。

用人机制理念：人人是人才。

售后服务理念：用户永远是对的。

质量工作理念：优秀的产品是优秀的人干出来的。

对已定为企业理念的创意，要给予其丰富的内涵，以便在以后的理

学习笔记

念传播和理念实施过程中有案可查。对于理念内涵首先要从字面上给予科学合理的解释，在此基础上，可通过联想与比喻，使其内涵延伸，以便与树立理念的真正目的相吻合。最后，针对理念的要求，明确企业的发展战略、管理者的职责和员工的行为准则等。

小贴士

一、征集企业理念的方法

企业理念的来源有以下几种：企业管理者、企业专业人员、企业一般员工、企业外部专家、社会公众等。为激发理念创意，在企业内部，可采用专家或专业人员会议法、研讨法、头脑风暴法，对一般员工可采取有奖征集法；在企业外部可采取针对专家的德尔菲法和针对社会公众的征集法。

在实际生活中，针对企业一般员工和社会公众常使用征集法，这种做法有三个优点：

第一，通过发动所有人员，群策群力，集思广益，有可能征集到最好的企业理念；

第二，通过征集活动可使广大员工主动参与CIS导入活动；

第三，面向社会公众的征集活动本身就是一个形象传播和树立的过程。

二、理念识别(MI)的设计要点

1. 培育个性化的企业精神：简明扼要、明了具体的文字。

例如，某公司企业精神：敬业报国，追求卓越。

2. 确立具有特性的经营理念。

例如，某餐厅：质量、服务、清洁、价值(QSCV)；

××快递：员工、服务、利润(P-S-P)。

3. 设计具有感召力的形象口号。

××快递：使命必达。

三、MI规划的要求

1. MI规划要体现组织发展目标。

2. 组织精神标语和口号应紧密联系相关行业。

某中医药公司的理想和追求：振兴中药，造福人民。

3. 组织目标战略应体现组织经营服务理念、社会价值观。

某汽车公司：将环保性能与出色的驾驶乐趣完美结合。

4. 组织经营服务理念应简洁而富有个性地将企业的价值传达给目标公众。

总之，MI规划应以务实、集思广益为原则，组织理念应体现民族化、个性化和概括化，具备导向力、凝聚力、辐射力、稳定力等基本功能。

能力拓展

设计一则班训，体现班级的特点或精神理念。

要求：

确定以下内容：班级精神、理念、形象口号，并对每一部分进行阐述说明。

步骤二 行为识别(BI)的设计

BI 是企业理念的行为转化方式，包括内部行为识别和外部行为识别，通过组织制度、行为规范、管理方式、机构设置等方面体现，通过这些来规范企业的行为。企业的行为，是企业理念得到贯彻执行的重要领域，包括企业内部行为和企业外部行为两个方面。内部行为包括：员工选聘行为、员工考评行为、员工培训行为、员工激励行为、员工岗位行为、领导行为、决策行为、沟通行为等。外部行为包括：企业创新行为、交易行为、谈判行为、履约行为、竞争行为、服务行为、广告行为、推销行为、公关行为等。上述各种行为只有在企业理念的指导下规范、统一并有特色，才能被公众识别、认知、接受。

技能训练

1．"快！快！快！"物流有限公司决定全新策划 CIS。在完成 MI 设计的基础上，请你为这家物流企业进行初步的 BI 策划与设计。

2．富室城公司决定利用成立 40 周年庆典这一契机，对企业的理念形象、行为形象、视觉形象等诸方面进行全面全新的设计。

要求：在完成 MI 设计后，设计该公司的 BI。

相关链接

一、行为识别系统(BIS)

在 CIS 导入过程中，不同的国家对 MI、BI、VI 重视的程度不同，如美国崇尚理性，组织行为已经高度标准化，因此，美国的 CIS 导入偏重 VI。日本是个讲究忠诚度、凝聚力、向心力的国家，因此，日本的 CIS 导入偏重 MI。而目前的中国，组织管理标准化程度不够，因此，CIS 的导入更应该注重 BI。

BIS 是 MIS 的外化和表现。如果说 MIS 是企业的"想法"，那么 BIS 则是企业的"做法"，即通过企业的经营行为、管理行为、社会公益行为等来传播企业的理念，使之得到内部员工和社会公众的认同，建立起良好的企业形象。

企业的行为规范包括的范围很广，它们是企业理念得到贯彻执行的重要领域，包括企业内部行为规范和企业外部行为规范两个方面。

第一，内部行为规范包括规章制度、员工守则、岗位责任制度、业务操作规范等。

第二，外部行为规范有：①组织经营管理或服务行为，包括市场调研行为、产品研发行为、市场运作行为、市场营销行为、广告宣传行为和售后服务行为等，总之应该体现出组织"管理规范、质量最优、注重内涵、品牌制胜"的社会形象；②组织社会责任(公益)行为，包括关注环境污染、捐助希望工程等宣扬社会人文精神、推广社会文明的公益行为，集中体现组织"以关怀社会为己任"的良好社会形象。

上述各种行为只有在企业理念的指导下规范、统一并有特色，才能被公众识别、认知和接受。

二、行为识别系统的设计

(一)企业管理体制

企业导入 BIS，规范企业行为，首先要求有一个合法、科学、完善的行为主体，即企业；因而科学构建行为主体是企业导入 BIS 的前提。构建行为主体包括决定企业的组织形式、设计组织结构、划分部门、确定管理幅度与层次、授权等。

(二)员工手册

员工手册是高于具体操作规程的准则。全体员工应人手一份，并以其指导自身的行为。企业的员工手册内容目录：欢迎加入×××行列；手册简介；你的新工作；×××公司简介；工作性质；在×××公司工作的收获；基本责任；互相沟通；工作时间；发薪日期；薪酬制度；试用期；辞职通知；训练政策；制服；仪容整洁；个人卫生；福利等。

(三)各项行为制度

企业建立 BIS，不能只靠铺天盖地的宣传教育，还需要制定和完善一系列具有可操作性的制度和规范。制度和规范使企业和员工的行为有章可循、规范划一，具有一定的强制性。制度和规范的设计必须以正确的企业理念为指导，必须有助于在一种宽松的环境中准确无误、积极主动地完成自身的工作。制度和规范包括人事管理法规、行政管理法规、财务管理法规、部门工作职能、岗位责任、任职标准、质量管理标准等。

(四)市场营销活动

包括营销政策和广告活动两个方面。前者包括营销战略、营销策略和营销手册；后者指广告策划，包括主题广告语、文字广告语、广播电视广告语、广告电视创意脚本及媒介组合战略。

小贴士

一、设计 BI 方案时，应全面考虑组织行为问题

企业的产品形象是树立企业形象的关键。除了形象独特的产品商标外，还必须靠产品过硬的质量、合理的价格、周到的服务取信于公众。当代企业之间的竞争是产品质量、价格、服务和信誉的全方位竞争。企业如果不注重产品开发，不注重产品的质量管理，不注重优质服务，即使是名牌、老牌子也会倒掉。经营者永恒的主题就是以质量取胜，而质量来源于科学、规范的管理。BI 设计时应全面考虑企业内部、外部行为规范，这样才能实现科学、规范的管理。

二、企业 BIS 的建设应注重员工培训

企业 BIS 的建设不是员工自发的，必须开展多种形式的教育培训，让全体员工知道本企业导入 CIS 的目的、意义和背景，了解、参与企业识别系统的设计，熟悉并认同企业的理念，清楚地认识到企业内每一位员工都是企业形象的塑造者。企业通过教育培训，使员工从知识的接受转变为情感的内化，最终落实到行为的贯彻。

能力拓展

为班级设计一套 BI 系统。

要求：按照 BI 规范、BI 系统内容的要求，对班级 BI 进行设计，包括仪容仪表的要求、文明礼貌要求、行为准则、规章制度等。

步骤三　视觉识别(VI)的设计

视觉识别(VI)是通过可见的视觉符号，经组织化、系统化、统一化的识别设计，传达组织的经营理念和各项信息，塑造组织独特的形象的过程，是将 CI 具体化、符号化、视觉化的传播过程。

VI 设计包括两个方面：

第一，视觉基本要素设计，包括组织名称、组织标志、组织的标准字、组织的标准色、象征物等。第二，视觉应用设计项目，包括办公用品、招牌、旗帜、标识物、员工制服、赠品、交通工具、环境设计、包装用品等。

技能训练

设计富室城公司视觉基本要素。

1. 请你为这家公司设计新的名称，写出构思意图：

_____

_____

_____

2. 请你构思该公司标志设计：

_____

_____

_____

案例

××餐厅的视觉元素

××餐厅以弧形 M 为标志，以黄色为标准色，M 弧形柔和、简洁，和店铺大门形象搭配起来，象征××餐厅像磁石一般不断把顾客吸引进来。黄色的视觉冲击力很强，使人联想到美味、价格便宜、优质的服务。企业吉祥物是××叔叔，传统马戏团小丑打扮，黄色连衫裤，红白条相间的衬衣和短裤，大红鞋，黄手套，红发。在美国儿童心中，××叔叔是仅次于圣诞老人的第二个最熟识的人物，永远是大家的好朋友。

相关链接

VI 是 CIS 的视觉冲击力，VI 设计成功与否，关键在于 VI 设计是否全面体现组织形象的价值。VIS 包括基础系统和应用系统。

一、基础系统

VI 设计的基础系统主要包括组织名称、组织标志、组织的标准字和组织的标准色等。

(一)组织名称

突出个性、美感、良好的语感和美好的寓意，并容易记忆。

案例

太阳神：突出生命力。

奔驰：形象展示超越常规的速度。

金利来：体现喜庆吉祥、王者风范。

(二)组织标志

组织标志包括文字标志、图案标志和复合标志，以简洁明快、新颖独特、巧妙精致、优美典雅为原则。

太阳神：太阳神标志，以圆形、三角形的几何形状为设计基本定位。圆形是太阳的象征，代表抛洒光明、温暖、生机、希望的企业经营宗旨；三角形的放置呈向上趋势，既是古希腊神话中太阳神 Apollo 的首写字母，又象征"人"字的结构，显现出企业向上升腾的意境和以人为中心的服务及经营理念。

(三)组织的标准字

标准字又称组合字体，是指将组织的名称进行整体组合之后所形成的字体。组织的标准字的设计以强化公众视觉感知、展现组织文化理念为原则，并根据组织性质、产品的特性和公众心理进行。标准字不同于普通字体，除了造型上的美观和突出的视觉效果外，还在于标准字之间的连贯性，这种连贯性对企业形象特质作了极好的诠释，整体上体现了组织的个性特征。

学习笔记

在组织的标准字的设计中，古典字体多体现在工艺、艺术商品中，现代科技产品多用现代字形，而化妆品上的字体多秀丽、纤细，五金工具使用方头、粗壮字体，玩具则使用童体字形。

例如，北京"四通集团"的标准字包括中文"四通集团"和英文"STONE"两种。"四通集团"的标准字，为美术字体，风格严谨、稳重，其锐顿的变化，在设计上与标徽相呼应。每个字为正方形，结合后呈横向展开式，长与宽的比例为 4.5∶1。"四通集团"四个标准字放在标徽的右侧，是四通集团企业标志的中文模式。"STONE"的标准字为变体美术字，整体设计由前后两部分组成，字形设计既有一致性，又有节奏感。

(四)组织的标准色

标准色是 VI 中最主要的部分之一。组织的标准色是组织运用色彩来创造美感效果，以渲染组织形象的优美和谐的。根据心理学家的研究，能让人瞬间了解的信息，第一是色彩，第二是图形，第三是文字。色彩最具识别效应。如 IBM 被称作"蓝色巨人"。

组织的标准色的设计以强化审美意识、增强艺术感染力、突出组织风格、体现组织理念、展现组织个性为原则。

深圳海王集团公司的标准色为蓝色，象征公司向海洋进军的战略目标。给人以冷静、理智、安全、和谐感受的蓝色，体现出产品的特性和公司为人类健康幸福美好而孜孜以求的组织形象。

二、应用系统

第一，信用品形象系列。

第二，办公事务用品形象系列。

第三，商业文书表格形象系列。

第四，内外环境(如花圃)形象。

第五，员工服装形象系列。

第六，组织用车车体形象。

第七，广告宣传形象系列。

第八，公关促销用品形象系列。

VI 的应用系统是对基础系统内涵的诠释，旨在创造出一个个性化、系统化的组织形象，给公众以美好、强烈的视觉体验。

✎ 学习笔记

小贴士

视觉识别(VI)的设计要点

一、社会组织名称的设计要点

1. 表现社会组织理念。

2. 语言准确。

3. 单纯、简短，方便记忆，易认易读。

4. 独特而有个性，力戒名字雷同或相似，以免公众混淆。

5. 力求吉利、吉祥，诗意美感。

6. 有气势，冲击力强。

7. 考虑民族风俗和涉外文化等。

二、社会组织标志的设计要点

个性、简易性、艺术性、持久性、适应性。

三、社会组织标准字的设计要点

易辨性、艺术性、协调性、传达性。

四、社会组织标准色的设计要点

标准色可以是某一特定的色彩或一组色彩，一般不超过三种颜色。

1. 充分反映社会组织理念。

2. 具有显著的个性特点。

3. 符合社会公众的心理。

能力拓展

"快！快！快！"物流有限公司决定全新策划 CIS。在完成了 MI、BI 设计的基础上，请你为这家物流企业进行 VI 的策划与设计。

任务三

CIS 导入与实施

完成了组织形象的设计，CIS 的导入和实施就进入塑造组织形象的具体实施阶段。

CIS 是组织形象建设的系统工程，其三要素之间既互相关联统一，又各具特色，各有侧重。

第一，MI、BI、VI 体现 CIS 的层次内涵。MI 是三者关系的基础，重点在心、在精神上，是企业 CIS 战略系统的原动力。BI 是企业主观能动性的体现，重点在人，是企业中人的因素的综合。VI 是载体，承载着 MI、BI 的全部内涵，重点在外观。

第二，MI、BI、VI 构建 CIS 的整体。CIS 不是单一的某个识别系统所能概括的，VI 是 MI 的外在表现，而 MI 是 VI 的精神内涵，VI 是 BI 的配合体，静态 VI 和动态 BI 结合，才会达到好的传播效果。

第三，MI、BI、VI 相结合，塑造内外和谐的组织形象。CIS 战略的各要素都充分发挥作用，才能塑造出良好的企业形象，使企业在市场竞争中立于不败之地。

步骤一　CIS 导入时机的选择

组织导入 CIS 是一项系统工程，需要把各种资源进行最佳整合。不同的企业在市场上所处的地位不同，对企业形象系统需求的程度也不同。导入 CIS，必须从长远出发，把握住导入的最佳时机，以取得最理想的效果。时机选择得好，CIS 发挥作用的空间就大，就能起到事半功倍的效果。

技能训练

1. 企业拟导入新的 CIS，应在什么情况下，即选择什么样的时机导入?

_____

_____

2. 富室城公司在成立 40 周年庆典期间，决定对 CIS 进行新的塑造。请分析选择导入 CIS 的因素、时机和意义。

_____

_____

相关链接

一、组织导入 CIS 的因素、时机和意义

组织导入 CIS 的因素、时机和意义见表 4-2。

表 4-2　组织导入 CIS 的因素、时机和意义

考量因素	导入时机	导入的意义
组织因素	1. 企业建成或改制重组； 2. 企业推出新产品； 3. 企业创业周年纪念； 4. 活动领域扩大和产品结构多元化； 5. 开拓国际化经营； 6. 企业重要人事变动； 7. 提高企业知名度； 8. 重新塑造企业形象。	选择组织转折点可以达到事半功倍的效果。
消费者因素	消费者在商品的价值判断上不是倾向于商品的价格、质量等物理属性，而是倾向于商品品牌的社会知名度及企业形象。 商品的品牌众多，消费者选择的机会也相对较多。 购物环境对消费者的影响。 消费者消费价值观的变化；消费者日趋成熟，消费越来越理性，不轻易受广告影响；越来越多的消费者的消费趋向个性化，对商品提出更高的要求。	只有消费者，尤其是企业目标市场的广大消费者基本具备了品牌消费观念，企业导入 CIS 才有现实意义。
市场因素	企业竞争激烈，产品在质量、价格甚至服务上的竞争已无法继续维持企业在市场中的不败地位，这时，培育与树立企业形象，凸显企业个性以吸引广大公众，就成为企业的必然选择。	适应市场是组织形象塑造的必经途径。

二、导入 CIS 对企业的作用

企业导入 CIS 后，能够对企业本身产生巨大的推动作用：一是可以提高企业的知名度，从而提高企业产品或服务在市场中的知名度，不断增强企业的竞争能力，为企业创造更高的经济效益；二是能够促进企业的各项基础工作，不断提高企业的素质，使企业员工士气高涨、目标统一，建立相互信任、合作的关系，增强企业的凝聚力和向心力；三是能够提高企业信誉，使顾客和投资者对企业树立信心；四是能够有效地强化广告宣传效果，快速梳理企业形象。CIS 的导入使很多企业取得了良好的经营业绩。

三、企业导入 CIS 的具体步骤

企业导入 CIS 的具体步骤见图 4-4。

CIS导入的组织落实，包括:①企业内部成立专门负责CIS实施的部门和领导机构;②确定在实施过程中各有关部门的权力和责任

与CIS实施有关的所有部门和人员共同研究确定实施目的、目标、方针及有关事宜

制订导入计划,包括时间进度计划,以及各个阶段的详细内容

制订目的和计划,经企业领导批准实施

对形象调查内容、方法和对象的确定,可进行问卷设计、审查和确定

实施调查,对调查进行统计分析

根据调查分析的有关资料,确定企业的经营理念的简要表达形式,并交付有关部门和职工进行讨论;调查和收集对理念的讨论结果,并进行修正

与企业最高领导确定用简要形式表现的企业理念

以理念为核心,系统检讨行为识别和视觉识别实际的有关问题,由专业设计单位和设计师进行行为和视觉设计

企业理念识别系统部分

设计者对行为识别系统进行设计,拿出方案说明,并形成方案报告

确定有关行为识别中有关要素的设计和策划内容、项目和要求

对行为识别设计者提供的设计和报告进行讨论、修改

对行为识别设计者提供的设计报告进行确认

企业行为识别系统部分

设计者对视觉识别要素(标志)进行设计,拿出方案说明,并形成方案报告

将视觉识别要素的图案和报告在企业内部进行展示和讨论,并发放调查问卷,进行统计分析

按照调查结果,对方案进行修改和确认

结合企业实际确定视觉识别应用部分设计内容

对应用部分设计进行修改和确认

企业视觉识别系统部分

对完成的全部设计进行审核和最终确定

进行CIS手册的设计和印刷

制作CIS应用部分内容

制订CIS内外宣传计划并按照计划进行实施

根据实施情况,制定全面实施方案

在企业内全面实施CIS

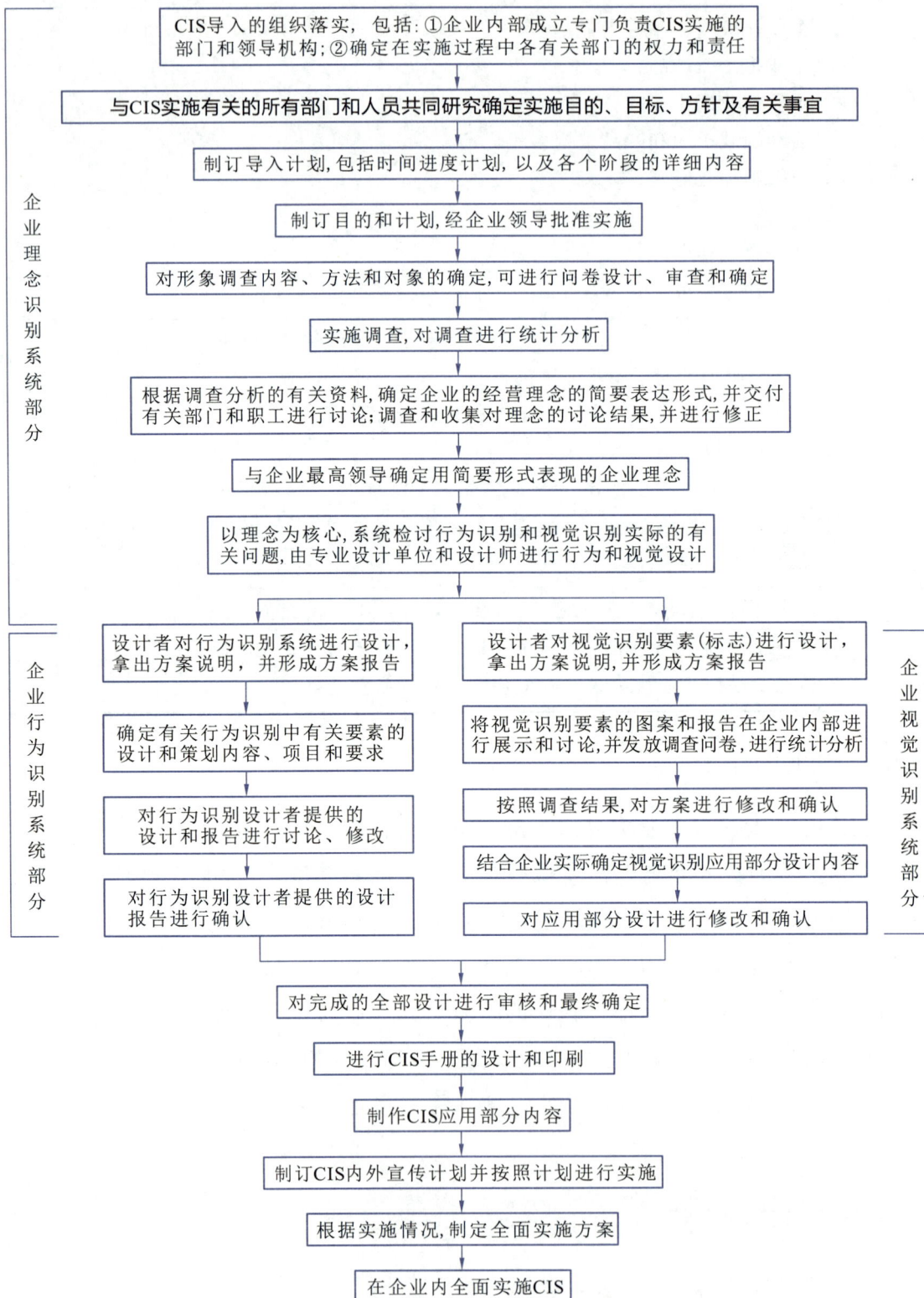

图 4-4　企业导入 CIS 的具体步骤

小贴士

企业导入 CIS 应注意哪些问题

一、企业导入 CIS 需要专门机构和人才进行整体规划、策划与实施

导入 CIS 是一项长期而艰巨的系统工程，CIS 的内容渗透到各个方面、各道工序和各个岗位。CIS 的顺利导入与实施，需要一支高素质的专业队伍，这支队伍包括创意、文案、美工等多种专门人才。

二、企业导入 CIS 要有长远的发展目标

没有长期的目标，会让人感到企业发展的不持续性、不稳定性，有一种短期行为的感觉，不利于企业的发展和各项管理的制定、落实和实施，还会影响员工的积极性和工作热情。

三、CIS 的投资观

导入 CIS 需要资金投入，但是由此而形成的组织形象，将是组织无尽的财源，因此，导入 CIS 是投资，而不是开支。

能力拓展

试分析你所在班级导入 CIS 的要素、时机和意义，写出你对 CIS 系统构建的思路。

步骤二　CIS 手册的编制

CIS 手册是组织最重要的智慧资产之一，是组织在 CIS 策划、制作结束后，为了便于公众理解 CIS 战略的要求、要领，以便全面推广、树立组织形象，而编制的文本。具体来说，CIS 手册是阐述组织 CIS 战略的精神要领、基本内容与具体操作规程的指导书，是运用 CIS 塑造组织形象的集中体现。

CIS 手册的编制根据情况的不同，内容有所差异，但至少应有以下五方面的内容。

一、总论部分

第一，董事长、总经理的致辞。

第二，公司简介与 CIS 导入背景。

第三，组织形象定位和未来发展目标。

第四，CIS 手册使用说明。

二、理念识别系统

第一，组织价值观。

第二，组织战略目标。

第三，组织文化、哲学理念。

第四，组织精神标语、口号。

三、行为识别系统

第一，组织职能行为规范。

第二，组织公益行为规范。

第三，组织员工行为规范。

四、视觉识别系统

第一，组织标志、吉祥物。

第二，组织标准字。

第三，组织标准色。

五、应用要素

第一，办公系统(信封、信笺、文件夹等)。

第二，环境系统(建筑物外观、营业环境等)。

第三，标识系统(路标指示、招牌等)。

第四，服饰系统(员工服装等)。

第五，交通系统(业务用车、手推车等)。

第六，包装系统(产品外观、产品包装)。

第七，广告系统(主要广告媒体设计)。

技能训练

在前面的训练中，同学们已经完成了富室城公司 MI、BI、VI 的设计，这次请编制公司 CIS 手册。

学习笔记

相关链接

企业文化与 CIS

企业文化是企业在生产经营实践中逐步形成的、为全体员工所认同并遵守的、带有本组织特点的使命、愿景、宗旨、精神、价值观和经营理念，以及这些理念在生产经营实践、管理制度、员工行为方式与企业对外形象中的体现的总和。企业文化是 20 世纪 80 年代兴起的一种企业管理模式，它不能直接产生经济效益，但是，它的存在和发展方式，体现了企业整体的思想、心理和行为方式，它通过企业的生产、经营、组织和活动而表现出来。一个好的企业文化，对于提高企业的凝聚力和向心力，提高企业可持续发展的核心竞争力，都有着重大的作用。

在企业竞争日趋激烈的今天，建立企业文化已经越来越重要。随着时代的变迁和市场经济的发展，传统的社会文化、企业文化模式必须经过改良整合，转变为新时代特色与中华优秀传统文化相融合的新型企业文化模式。

而企业 CIS 的最高目标是建立优秀的企业文化，因此，一个好的企业 CIS 战略，会成就一个好的企业文化，两者相生共存、相互促进。企业 CIS 导入的价值在于通过建立企业的共同价值观念与行为准则，为企业的全体员工提供向心力、凝聚力和归属感，这不仅能给企业创造一个良好的外部环境，而且能给企业创造一个具有新时代企业文化特点的、体现企业个性的全面企业形象，为企业的成熟、发展、国际化发挥作用。

小贴士

编制 CIS 应注意的问题

1. 企业的 CIS 战略是一种全方位的传达体系，是一种需要企业全员经营的战略。企业在编制 CIS 的过程中，必须动员企业员工，依靠自己的力量来完成开发工作。这样，导入后的 CIS 才能够被更快地实施，才能推动企业的持续发展。

2. 企业在导入 CIS 时，必须以明确的方式表达企业文化的实际意义，使它成为全体员工的共识。另外，还要对企业文化已有存在方式进行全面的检查与测试，并在此基础上为企业的决策者提出最优方案。

3. 在企业 CIS 系统中，视觉识别系统是最容易被公众所接受的，因此，导入 CIS 以及编制 CIS 时，要特别注意企业的视觉符号系统与企业的经营理念、经营活动的内在一致性，并尽力设计出易被大众接受的视觉符号。

能力拓展

为你的学校设计或完善 MI、BI、VI，并在此基础上设计或完善 CIS 手册。

步骤三　CIS 的实施管理

CIS 的实施管理阶段包括：组织 CIS 对外发布；CIS 内部传播与员工教育；导入的效果测试与评估。

技能训练

1. 富室城公司的 CIS 系统设计完毕，应如何向内外发布、宣传？

（1）对外发表的媒体、手段：

_____

_____

（2）提供的宣传资料：

_____

_____

（3）选择对外发表的公关活动形式：

_____

_____

（4）企业内部的宣传方式、内容：

_____

_____

2. 学校的 CIS 系统实施后，请你试着对其实施过程和效果进行测试与评估。

（1）媒体有何反应？学校内外公众有何反应？与 CIS 导入前有何不同？

_____

_____

_____

（2）公共关系状态，包括内部、外部公共关系有何改善？

_____

_____

_____

相关链接

CIS 全面实施是指根据 CIS 导入制订的计划和内容，进行全面执行和推广。它是 CIS 全面落实和取得效果的阶段，是一个长时间的、需要严格管理的阶段。全面实施 CIS 主要包括以下工作。

一、企业管理理念和战略的实施

当企业理念与企业战略制定出来之后，一项必不可少的重要工作就是促进企业内外对企业理念与企业战略的认识与了解，这一点意义重大。为什么有些企业在导入 CIS 之后没有收到多少成效？最根本的原因就是，它未能使企业理念与企业战略深入企业内外相关组织和人员中。所谓相关组织和人员，主要包括消费者、股东、金融界人士、供应商及中间商、政府有关职能部门、社区、大众传播媒介、企业内部员工等。

全面实施的目的在于，使企业内外的所有相关组织及人员都明了本企业在干什么和为什么而干，从而能够获得认同感，进而获得一种共鸣，只有这样，企业的理念与战略才能真正发挥其应有的作用。

二、促进企业主体性的形成

CIS 全面实施，就是用理念真正促进企业主体性的形成，而不是停留在抽象的表现形式上。

理念主体性和理念统一性，是需要付出长期、艰苦的努力才可能真正实现的。理念统一性实现的一个重要特点是，它不仅是靠不断地灌输、教育，而且是靠具体的事实，尤其是企业管理者的身体力行逐步形成的。当然，理念推广必须通过多种形式，而不是简单的教条式的说教形式进行。

🖊 学习笔记

三、将视觉识别全方位地应用

CIS 全面实施一开始的重要工作之一，就是将设计出的视觉识别（VI）全方位地应用。每个企业都有外部标志，但当企业引进 CIS 的一个标志时，就是系统的视觉识别（VI）全方位地应用。所谓全方位，是指一切必须运用和可以利用的地方与场合，这对加强识别记忆有重要意义。

在 CIS 全面实施过程中，必须强调企业标志、标准字、标准色等要素的使用标准和方法；必须严格按照 CIS 手册实施，任何变形或特殊使用，要有严格的审批制度。

四、规范企业行为

这是商业企业主体性的外在表现，是一个动态识别过程。在 CIS 全面实施过程中我们应做好以下方面的工作。

第一，根据"行为识别原则"具体制定或修改、完善企业的各项规章制度，并严格执行。

第二，通过培训和教育规范领导与职工的行为表现。

第三，根据 CIS 手册完善内部工作环境。

第四，制定或修改职工的提拔与奖励制度，以及生活福利的分配制度。

第五，全面实施企业的经营战略、经营方针。

第六，重视企业经营管理水平和部门职工素质的提高。

第七，制定或完善对消费者利益保护的制度和措施。

第八，制定或完善对所在社区的行为原则。

第九，规范企业与有关企业、机构及人员交往的态度和行为。

第十，根据 CIS 手册完善服务环境和购物环境。

第十一，保证日常的对外公共关系活动和广告活动的一致性。

第十二，加强对社会公益事业的支持。

第十三，认真策划和实施加强形象识别的重大公共关系、广告和促销活动等。

CIS 全面实施与企业经营管理是相互交叉和相互包容的，导入和实施 CIS 作为企业形象的切入点具有重要意义。

小贴士

实施后应注意的问题

1. CIS 建立后，要制订强有力的推广计划与实施方案，这样才能发挥 CIS 对树立企业形象的作用。

2. 在企业信息传达的媒体方面，要到所有与企业有关的媒体上进行信息的传达，使企业的 CIS 系统被更多的相关公众所了解和接受。

3. 企业 CIS 战略是企业的一个长期战略，不是一蹴而就的行为，必须设计出一种可控制、能实际操作和检查改进的机制，保证企业 CIS 与企业实际的契合。

能力拓展

完成富室城公司 CIS 手册编制后，就如何对内、外发布、推广 CIS，拟写一个对内、外的宣传与推广方案，内容包括：发布的目的、方针、媒体和手段；准备宣传资料；选择公关活动的形式；对员工的教育与训练。

项目拓展训练

联系学校的一个合作企业，与其公共关系部沟通，与其公关人员一起进行该企业 CIS 的设计、手册的编制、导入与推广活动。

1. 设计 MI、BI、VI。

2. 编写 CIS 手册。

3. 拟订 CIS 导入、实施及管理方案。

4. 拟写 CIS 的实施效果测试与评估方案。

项目实施评价

本项目完成后，应从以下几个方面对完成效果进行评价。

1. 组织形象分析与评价指标

(1)对组织形象各要素的分析科学、透彻、具有针对性。

(2)能进行知名度、美誉度测评。

(3)能运用四象限分析法，对组织形象进行分析、评价，评价意见具有专业性。

2. 组织形象策划与设计评价指标

(1)MI 的设计具有个性化的理念和企业精神，具有感召力。

学习笔记

(2)BI 的设计具有可操作性、系统性、可传播性。

(3)VI 的设计独特而有个性，气势感、冲击力强；具有艺术性、可传达性。

3. CIS 导入与实施评价指标

(1)能正确选择 CIS 导入的时机，发表、宣传的渠道、方式。

(2)CIS 手册内容充实、语言精练、具有艺术性和易传播性。

(3)能拟订科学、合理的 CIS 实施、管理、评估方案。

4. 综合评价指标

(1)设计 CIS 系统时具有创新思维能力。

(2)具有较强的文字表达能力。

表 4-3　项目评价评分表

团队名称：		优 (4分)	良 (3分)	中 (2分)	差 (1分)
	评分标准				
组织形象分析与评价指标	对组织形象各要素的分析科学、透彻、具有针对性				
	能进行知名度、美誉度测评				
	能运用四象限分析法，对组织形象进行分析、评价，评价意见具有专业性				
组织形象策划与设计评价指标	MI 的设计具有个性化的理念和企业精神，具有感召力				
	BI 的设计具有可操作性、系统性、可传播性				
	VI 的设计独特而有个性，气势感、冲击力强；具有艺术性、可传达性				
CIS 导入与实施评价指标	能正确选择 CIS 导入的时机，发表、宣传的渠道、方式				
	CIS 手册内容充实、语言精练、具有艺术性和易传播性				
	能拟订科学、合理的 CIS 实施、管理、评估方案				
综合评价指标	设计 CIS 系统时具有创新思维能力				
	具有较强的文字表达能力				
小组评定总分及评议：			签名：		
教师评定总分及评议：			签名：		
企业评定总分及评议：			签名：		

表 4-4　各实训团队合计实训成绩

团队名称	A 团队	B 团队	C 团队	D 团队	E 团队	F 团队
合计分数						

项 目 反 思

回顾本项目——"组织形象塑造"各任务的实施过程，出现的主要问题、难点及其解决方案，谈谈自己的体会和收获。

学习笔记

社会组织与公众的沟通，由三个要素组成：沟通者——社会组织，沟通内容——信息，沟通对象——公众。

公共关系活动需要通过大众传播媒介向公众传递信息，进行信息传播活动。公共关系部门要考虑使用哪些媒介传递活动信息，采用什么媒介传播策略等。

社会组织与公众的关系主要分为内部和外部两大类。协调好内部公共关系可以最大限度地调动本组织内部员工的积极性；协调好外部公共关系，可以塑造并树立组织的良好形象，赢得更多的社会支持。两者缺一不可，共同促进组织的发展。

项目五

公共关系沟通与传播

📊 项目目标

知 识 目 标

- 掌握组织内部公共关系的协调内容和方法
- 掌握组织外部公共关系的协调内容和方法
- 掌握信息传播的方式

能 力 目 标

- 会制订组织内外部公共关系协调计划
- 能制定传播方案并实施
- 能撰写新闻稿，并发布新闻

项目描述

富室城公司将隆重举行40周年庆典活动，拟与媒体联合举办系列活动，包括联合举办文艺演出、联合捐资助学、赞助报纸版面等。为配合系列活动，必须确定媒介计划、新闻发布会计划，并组织实施。同时，编印内部宣传刊物并发行。

公关部长期致力于与企业内部、外部公众进行沟通、协调，处理好内部、外部公共关系，有计划、有步骤地举办了一些公关活动，基本达到了目的。但他们也发现，社会组织内部协调方面存在较大的问题，与社会公众的沟通渠道有时也不是很畅通，部分潜在公众对本企业的产品、品牌仍然知之甚少。

因此，公司决定重新审视内部、外部公共关系，进一步改善内部、外部公共关系。公司要求公关部制订与内部、外部公众交流的计划，通过一些传播手段、传播媒介，如新闻发布会、内部宣传刊物等，与内部、外部公众进行有效的沟通、协调。

思考练习

1. 你认为如何才能有效改善企业内部、外部公共关系？内部、外部公共关系沟通、协调计划一般应包括哪些内容？

2. 为与内部、外部公众进行沟通，信息传播具有哪些作用？

项目任务

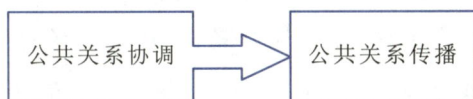

项目实施

任务一

公共关系协调

公共关系协调是指建立和保持企业与各类公众的双向沟通，向公众传播企业信息，争取公众的理解和支持，强化与公众关系的职能。公共关系协调实际上有两种含义。一是指企业与其公众之间的关系处于协调的状态。比如内部同心同德、步调一致,外部享有盛誉、合作融洽等。在这个含义中,"协调"是形容词,形容企业与相关公众之间配合得当,关系和谐。二是指企业为争取公众的支持与合作,而开展的各种协调公共关系的工作。比如,在内部为员工办实事、广泛听取员工的意见、向员工宣传企业的政策等,在外部为顾客提供满意的服务、为社区分忧解难、模范遵守政府法令以及加强与各方面公众的沟通和调适等。在这个含义中,"协调"作动词,表明企业为建立和谐的公共关系所付诸的实际行动。

步骤一 内部公共关系协调

组织的内部公共关系如何,直接关系到其生机和活力,并进而影响着外部公共关系的构建和组织目标的实现。所以,搞好内部公共关系是整个公共关系协调工作的基础和起点。组织要协调的内部公共关系比较复杂,包括组织与组织内部员工、非正式组织、股东的关系等。这里主要介绍组织与员工关系、股东关系的协调。

🔍 案例

××科技评选"最佳雇主"内部沟通方案

一、活动主题——"优秀员工,造就最佳雇主"

我公司被邀请参加 2020 年"中国最佳雇主"的评选,评选结果在 2020 年 12 月揭晓。员工的积极参与是此次活动的必备条件(发出的 500 份员工意见调查问卷必须至少回收 250 份)。为发动公司员工参加此次活动,设计了"优秀员工,造就最佳雇主"的内部员工沟通方案。

二、活动目标

1. 增强员工归属感。

2. 鼓舞员工士气。

3. 鼓励员工参与评选活动。

三、活动方案

目标公众:公司在中国的所有员工。

沟通方式:整合各种传播手段。

沟通目标:把"优秀员工,造就最佳雇主"主题不断重复,使员工记住自己所参加的活动的重要性,并增强对公司的归属感和自豪感。

传播途径：

1. 动员大会。

2. 邮件。

3. 内部专题网站。

4. 海报。

5. 员工问卷调查。

思考与讨论：

1. 请问在案例中，××公司使用了哪些传播渠道？

_____

_____

2. ××公司采用了哪些方式？设计了哪些活动与员工进行情感沟通？

_____

_____

3. ××公司采取的是单向沟通方式还是双向沟通方式？

_____

_____

技能训练

富室城公司受邀参加 2020 年"中国最佳雇主"的评选，评选结果将在 2020 年 12 月揭晓。员工的积极参与是此次活动的必备条件（发出的 500 份员工意见调查问卷必须至少回收 250 份）。为发动公司员工参加此次活动，需要设计一个有效的内部公共关系协调计划。

任务：设计与员工进行情感交流、内部沟通的方案。

1. 设计与员工进行情感交流的活动。

_____

_____

2. 需建立什么样的沟通渠道？设计与员工进行双向沟通的方式。

_____

_____

_____

学习笔记

相关链接

一、内部公共关系协调的内容

(一)员工关系的协调

1. 了解员工的需要，重视员工的需求

了解员工，是搞好员工关系的基础。只有在准确了解员工的状况、想法、需要和存在的问题的基础上，才能做出具体计划和部署：沟通和传播什么？怎样去促进沟通和传播？提出哪些切实可行的建议？解决什么问题？

尽可能满足员工的物质利益需求。物质利益主要包括工资、奖金、福利、工作环境等。员工作为现实社会中的人，为了生存和发展，参加组织的工作，其最直接的目的是以劳动换取一定的报酬。他们关心组织的利益分配、要求改善物质待遇是正当和合理的。公共关系人员要敦促组织领导重视改善员工的物质待遇，在可能的情况下，尽量把员工的物质利益搞好；敦促领导认真贯彻按劳分配原则，力求在现有条件下公正合理地解决工资调级和利益分配问题。另外，组织既要提高员工的福利待遇，又要受到其经济效益和社会生产发展水平的限制，不可能完全满足员工的要求。这又需要公共关系人员通过有效的沟通，使得组织与员工达成谅解和合作。

尊重员工的精神需求，激发员工的工作潜力和工作积极性。精神需求主要包括赞扬、尊重、教育、参与管理等内容。公共关系学理论认为，把员工看作"给多少钱，干多少活"的"经济人"的观点是不对的，人还是追求精神需求的"社会人"。美国心理学家马斯洛认为，人的基本物质需求得到满足后，精神需求就会上升为主要需求。英国学者尼格尔·尼克尔逊对英国管理学会的2 300名会员进行的一次调查表明：被调查者平均每人每3年换1次工作，他们另谋职业的动机往往不是金钱和其他物质利益，而是谋求更有挑战性、更受重用和更能发挥创造性的机会。精神激励的主要特点是引导员工在工作中寻求生活的意义和乐趣，通过在工作中的创造性活动获得尊重，得到心理上的平衡和满足。

2. 树立"以人为本"的观念，尊重员工的个人价值

如果个人价值得不到尊重，个人就会自轻自贱，或者对组织强烈不满，产生不负责的行为。因此，组织应把个人价值和团体价值结合起来，相信和依靠员工，大胆放手让他们工作，及时肯定和赞赏他们的成

绩和贡献，尊重其人格和自主权。日本松下公司的创始人松下幸之助经过常年观察研究发现，按时计酬的员工仅能发挥工作效能的 20%～30%，而如果受到充分激励则可发挥 80%～90%，松下幸之助探索出了用"拍肩膀"来激励员工的方法，取得了良好的效果。

3. 培养员工的主人翁意识

如能经常通过黑板报、内部刊物、闭路电视、组织内的有线广播、热线电话、会议、展览会、总经理致函等，向员工介绍组织的运作情况，组织的决策目标，竞争对手的情况，领导工作的情况，模范业绩，组织的新产品、新技术、新设备，安全生产常识，员工新闻，福利情况等，满足员工的知情权，使员工感到自己是组织的一员，得到了应有的重视，并让员工在一定程度上参与组织决策，则可以使全体员工产生当家做主的满足感，从而把他们引向同一目标。当员工在一定程度上参与管理和决策时，他们对自己参与决策的管理制度和措施会身体力行。反之，如果员工希望表现自我能力的心理需要被忽视和受到压抑，他们就可能转变为组织中的异己力量，就可能在"离心力"的影响下产生消极抵触心理和对抗行为。

4. 建立、健全合理化建议制度，培养员工的进取心和自豪感

员工最熟悉自己工作领域的情况，对自己所涉及的工作最有发言权。员工拥有无穷的创造力。建立、健全合理化建议制度，广泛征求收集员工改进工作方式、工作程序、操作技术的意见，对组织发展具有重要意义。这一方面可以使员工的创造力和潜能得到开发和利用，给组织带来巨大的经济效益；另一方面可以使员工的成就欲望得到满足，从而产生自豪感和强烈的进取心。这样做还能形成一种良好的风气，使员工人人关心组织，创造性地做好本职工作。

(二)股东关系的协调

股东关系，是指各类企业与其投资者之间结成的公共关系。其实质是企业经营者与所有者之间的关系。股东是企业的财力支持者，与企业的利益密切相关。随着我国市场经济的发展，越来越多的企业完成股份制构建和改造，协调企业与股东之间的关系，吸引更多的投资者，稳定已有的股东队伍，是企业内部公关的新课题。

1. 构建良好股东关系的基本要求

（1）必须尊重股东。尊重股东，就要尊重股东的主人翁地位。在涉及组织发展、股金运用、红利分配等问题上，使股东享有知晓、参与、决策等各项权利；还要特别注意对股东不能厚此薄彼，要一视同仁，使各类股东利益同等、信息共享。

（2）必须对股东负责。股东是企业的"老板"。企业必须树立股东权益高于一切的意识，企业的各项决策和投资效果必须时刻考虑股东的利益需要；企业的各级领导和全体员工都要时刻牢记股东对企业的投资信赖，把企业的各项工作做好，努力实现企业的发展。

（3）必须为股东谋利益。这是保证股东应有权益的最终体现。股东利益包括经济效益和社会效益。必须切实搞好企业的经营管理，为股东创造经济效益，同时又要及时、合理地分配和发放股东红利，使股东投资最终受益。

随着社会的发展，股东关系将越来越重要，股东关系协调的要求也会越来越高，而企业的措施和行为是否对股东尊重、负责、有利，则是决定企业与股东关系的基础。

2. 构建良好股东关系的基本途径

加强信息沟通，是构建良好的股东关系的基本途径，主要应当做好了解股东情况、向股东报告组织信息和重视与股东中介机构的沟通三个方面的工作。

（1）了解股东情况。为此要做深入的调查研究，包括：了解股东的特点，以采用更适当的媒介和方式与股东沟通；研究股东的意见，如各类股东的需求、对组织的制度的看法、对组织经营管理的建议，以作为组织决策和改进工作的依据。

（2）及时向股东报告组织信息。股东是组织的所有者，组织有义务及时向股东报告组织的信息。例如，组织的制度、经营和工作状况及预测、组织的各种宏观环境信息。沟通的媒介和方式一般有：工作简报、年度报告、会议通告、宣传手册、股东杂志、股东函件、股东会议、股东参观、有关负责人员与股东的个人交往等。

（3）重视与股东中介机构的沟通。股东中介机构，如金融组织、证券公司、投资分析家和经纪人等，对股东的投资判断和信心、交易意向和行为等有重要影响，因此，让这些中介机构及人士对组织有全面、正确的了解，可以得到有益的忠告。

二、员工关系沟通的方式

要与员工协调好关系，应保持良好的沟通。在此我们可以借鉴英特尔公司的内部沟通体系。英特尔总部专门设有一个"全球员工沟通部"，促进英特尔沟通体系与团队的发展。英特尔在内部推崇并采取开放式的沟通模式，英特尔内部的沟通是双向的，包括许多沟通的渠道。

(一)网上直播，网上聊天

英特尔为电脑制造了"奔腾的心"，推动世界进入网络信息时代，其自身也成为网络科技的受惠者。公司的高层管理人员会经常通过英特尔内部网络，向全球员工介绍公司最新的业务发展以及某个专门问题的情况。英特尔的管理层还通过网上聊天和员工进行互动沟通，回答员工现场提出的各种问题。

(二)季度业务报告会

季度业务报告会是英特尔公司进行员工沟通的重要方式，这是一种一对多或多对多的沟通，是一种面对面的沟通。在季度业务报告会上，公司管理层不单向员工通报公司最新的业务发展情况，还现场对员工所提出的问题进行回答；员工通过现场提问直接、面对面地与公司管理层进行交流。

(三)员工问答

在英特尔季度业务报告会之前，为了了解员工所关注的问题与所顾虑的事情，各部门内部会通过员工问答的方法，预先了解员工的心声。这也成为英特尔公司内部一种有效的沟通渠道。

(四)员工简报

在英特尔公司，每个季度会出版员工简报，这已成为一种员工内部沟通的重要方式。在英特尔的工厂里，每个星期都会出版一期员工快报，让员工自由取阅，把公司及工厂里发生的最新最重要的事情、消息，通过简报的形式告知员工。

(五)一对一面谈

一对一面谈是自下而上的沟通中常用的重要方式，公司采用这种方式与每一名员工就工作期望与要求进行沟通。通常通过员工会议的形式进行，要求员工来制定会议的议程，由员工来决定在会议上想谈的内容，包括员工对自己职业发展的想法、对经理人的看法和反馈。

(六)定期的部门会议

英特尔各业务与职能部门会定期召开会议，经理人会定期和所有的下属进行沟通，听取员工的建议与想法，传达公司的政策与各项业务决策。

学习笔记

(七)全球员工关系调查

英特尔每年都进行一年一度的全球员工关系调查，英特尔总部会派人到全球各个国家与地区的分公司，对员工关系与沟通情况进行调查。

(八)Open Door

英特尔同许多著名企业一样，采取门户开放式的沟通。很多时候，员工的顾虑与意见不愿意直接与其上司面谈。英特尔的人力资源部专门设有一名员工关系顾问，员工可以与人力资源部的员工关系顾问进行面谈。员工关系顾问会对所了解的信息进行独立的调查，了解员工反映的情况，然后将调查结果通知公司有关部门，包括员工的经理。在这种沟通方式中，英特尔制定了一系列的规则来避免经理对员工采取一些不适当的方式，从而保护了员工的权利。

无论是自上而下的沟通，还是自下而上的沟通，英特尔希望能够构建起一个完整的员工沟通环，通过这些渠道获得消息或者听取反馈与建议，然后采取后续的行动，给员工满意的回复，并通过具体措施解决相关问题，而不是仅仅为沟通而沟通。

小贴士

1. 员工关系是组织的第一公共关系。在处理员工关系上既要利用沟通、培训等途径对员工进行有效的管理，使其能够以最佳状态投入工作中；更要利用人文关怀、福利制度和广阔的发展平台激励员工努力工作，保持对组织的忠诚，形成凝聚力。

2. 在处理投资者关系时，要注意维护投资者的利益，只有信息透明、沟通顺畅、体现投资者的价值，才能留住并吸引更多的投资者。

能力拓展

选择一个组织，调研、分析该组织内部公共关系存在的问题，设计一套完善的员工关系处理方案，目的是促进员工关系的发展。内容包括：

第一，组织内部公共关系现状。

第二，公关目标，目标公众。

第三，传播主题，公关活动策略。

第四，公关活动方案。

第五，内部公关传播策略。

步骤二　外部公共关系——消费者关系的协调

外部公共关系协调主要包括消费者关系、新闻媒介关系、政府关系、社区关系的协调。

技能训练

1. 一位顾客在某电脑公司购买了一台电脑，使用一年后，CPU 出现故障（保修期三年）。顾客找到该电脑公司，该公司以顾客未保留外包装盒为由，拒绝更换 CPU，而且公司售后服务人员态度恶劣、强词夺理。顾客因此投诉到消费者协会，最后经消费者协会出面协调，该电脑公司赔偿了顾客的全部损失，并向顾客赔礼道歉，问题得以解决。

（1）该公司在处理与消费者关系时存在什么问题？

_____

_____

（2）如果你是该公司的公关人员，会如何处理此事？写出你的处理方案。

_____

_____

2. 为配合富室城公司 40 周年庆典活动，请你拟订消费者公共关系活动方案。

_____

_____

学习笔记

相关链接

一、公共关系在协调组织与消费者关系中的作用

公共关系在建立良好的消费者关系中所起的作用，主要体现在帮助组织树立正确的理念、加强与消费者沟通两个方面。

（一）树立"消费者至上"的理念

没有消费者，就没有组织。组织要时刻为消费者着想，把消费者的需要和利益放在首位。要处处留心，发现为消费者服务的机会，主动送服务上门。谨记"消费者至上"的理念。但"消费者至上"的经营理念不能成为一句空话，需要对组织员工加强培训，形成"全员公关"。只有不断

加强对组织员工的培训，使员工增强服务观念，落实服务行动，才能把"消费者至上"的宗旨变为全体员工的自觉行动。

(二)加强与消费者的沟通

协调消费者的关系，离不开搞好组织与消费者的双向信息沟通。一方面，要通过各种方式的调查研究，如问卷调查、座谈访谈等，主动了解消费者的需求和认真听取消费者的意见；通过妥善处理消费者投诉，及时、诚恳地为消费者排忧解难，维护消费者的权益。要将这些消费者的需求、意见、投诉作为做好和改进服务工作的依据。另一方面，要通过各种媒介和渠道，如大众传播媒介、组织出版物、信函、展览和联谊活动等，积极做好对消费者的引导以及咨询服务，不断提高组织的知名度、美誉度。

二、消费者关系协调的基础

维护消费者正当合法权益，为消费者提供满意的产品和服务，是与消费者建立良好关系的基础。

(一)维护消费者正当合法权益

根据《中华人民共和国消费者权益保护法》，消费者的权益主要有以下内容：

第一，消费者在购买、使用商品和接受服务时享有人身、财产安全不受损害的权利。

第二，消费者享有知悉其购买、使用的商品或者接受的服务的真实情况的权利。

第三，消费者享有自主选择商品或者服务的权利。

第四，消费者享有公平交易的权利。

第五，消费者因购买、使用商品或者接受服务受到人身、财产损害的，享有依法获得赔偿的权利。

第六，消费者享有依法成立维护自身合法权益的社会组织的权利。

第七，消费者享有获得有关消费和消费者权益保护方面的知识的权利。

第八，消费者在购买、使用商品和接受服务时，享有人格尊严、民族风俗习惯得到尊重的权利，享有个人信息依法得到保护的权利。

第九，消费者享有对商品和服务以及保护消费者权益工作进行监督的权利。

消费者的权利就是经营者应尽的义务。因此，组织要建立良好的消费者关系，就必须熟悉保护消费者权益的有关法律法规，在日常的生产经营活动中自觉地维护消费者的正当合法权益。

(二)为消费者提供满意的产品和服务

良好的消费者关系建立在消费者对组织所提供的产品和服务满意的基础上，劣质产品和服务无论如何也得不到消费者的支持，也就不可能建立稳定、良好的消费者关系。因此，组织要为消费者提供质量优良、价格合理、计量准确的适销产品，杜绝假冒伪劣；要为消费者提供热情、周到的服务。企业要提供售前、售中、售后全过程服务，要实施深受顾客欢迎的服务制度和措施，如各种形式的"承诺"制度、"绿色通道"服务措施等，不断改进服务工作，提高服务水平。

三、消费者关系沟通与协调的方式

企业要与消费者建立良好的关系，就必须与消费者保持通畅的信息沟通，及时协调好与消费者的关系。

(一)口头联系

这是最常见、最普通的沟通方式。不论是面对面回答消费者提出的问题，还是通过电话向消费者做出解释，都要尽量令其满意，同时积极提供有关企业的信息。

(二)利用信件

企业领导者或公共关系人员定期或不定期地与消费者通信，可以使消费者感到受到企业的重视，从而对企业产生好印象。

(三)利用传播媒介

企业公共关系人员应充分利用各种传播媒介，如报刊、电台、电视、网络向消费者宣传、介绍企业情况。另外，也可利用公告栏上的公告等形式，向消费者介绍企业及其产品或服务。

(四)出版刊物

企业可以编辑出版有关企业及其产品的刊物，使消费者及时、详细地了解企业及其产品，从而做出最佳选择。

(五)组织消费者参观企业

组织各类消费者到企业参观，使他们对企业有一个具体、翔实的了解，从而对企业产生好感。

学习笔记

小贴士

在与投诉者沟通、协调时，应注意以下几个方面：

1. 要做到耐心倾听，态度诚恳，争取在感情和心理上与投诉者保持一致。避免在顾客投诉时，急于为自己辩解，这很容易引起投诉者的反感。

2. 如果顾客投诉合理，应当即表明处理态度，立刻与有关部门联系。如果是服务态度问题，应马上赔礼道歉，最好是当事人自己表示歉意。如果有些问题不可能马上处理，最好向顾客保证负责日后的转告及联系，要注意对顾客的承诺一定要及时兑现。

3. 发现顾客所投诉的情况具有普遍性时，应该立即登发广告启事。如某商品质量确有问题，就要登报告知购买者来退货，以维护商品的声誉，并向消费者道歉。

4. 如果接到顾客的投诉，应记下对方的通信地址，待处理后，给对方回复，千万不能不理不睬，而应该以公关部门负责人或企业领导人的名义给投诉者回信。

学习笔记

能力拓展

深入调查一家企业，选择相关消费者群，就该企业与消费者之间的关系现状、亮点及存在的问题，提出改善消费者关系的建议，拟写一份建议书，内容包括：公共关系的目标、措施，公共关系活动方案。

步骤三　外部公共关系——新闻媒介关系的协调

新闻媒介关系是指组织与新闻传播机构及其工作人员之间的关系。新闻媒介公众被称为"无冕之王"，是一种特殊的公众，具有双重性。一方面，新闻媒介是组织与公众实现广泛、有效沟通的必经渠道；另一方面，新闻媒介又是组织必须特别重视的公众。

与新闻媒介处理好关系，赢得新闻媒介对本组织的了解、理解和支持，通过新闻界实现与公众的广泛沟通，就能形成对本组织有利的舆论氛围，提高组织对社会的影响力。

技能训练

为配合富室城公司40周年庆典活动，如果你是该公司公关部经理，该如何策划新闻宣传？

相关链接

新闻媒介的协调内容

一、熟悉新闻媒介

公共关系人员要了解新闻界人士的职业特点，熟悉各种新闻媒介的报道特色、编辑方针、编辑风格、版面安排、发行时间和渠道以及各自拥有的读者、听众、观众的情况等。只有这样，公关人员在与新闻界人士打交道时才能做到得心应手。

二、与新闻媒介保持联系

公共关系人员应当加强与新闻界人士的交往。如重大节日给新闻界人士送贺年片、纪念品，举办各种形式的联谊活动，增进与新闻界人士的友谊；也可以主动邀请新闻界人士参观，让记者了解组织的各方面情况，这也可为组织提供新闻宣传的机会。

三、主动向新闻媒介提供组织信息

公共关系人员应主动向新闻界提供有新闻价值的素材，如新产品、新生产线的投入使用，企业的重大庆典，产品价格的大幅度调整等具有一定新闻价值的信息。

本着热情友好、实事求是、一视同仁、以诚相待的原则，对记者的采访提供必要的支持和帮助。向新闻界提供的信息应真实，不能隐瞒事实真相，欺骗社会公众，尤其是遇到有损组织形象的事情时，更应积极与新闻界配合，力争挽回影响，重塑组织形象。对待新闻媒介要一视同仁，不要拒绝记者采访，要及时为记者提供有价值的信息，以便新闻媒介客观地报道组织的制度和活动。

小贴士

1. 新闻媒介是组织获得社会舆论支持的重要中介。与新闻媒介处理好关系，赢得新闻媒介对本组织的了解、理解和支持，通过新闻界实现与公众的广泛沟通，能形成对本组织有利的舆论氛围，提高组织对社会的影响力。

2. 正确对待媒介的批评报道。当媒介发表了不利于组织形象的批评报道后，如果情况属实，组织应及时采取补救措施，挽回不良影响，并恳请再予传播，切不可对媒介的批评报道置若罔闻，甚至反唇相讥。如果媒介的批评报道有失实之处，亦应诚恳地向媒介提供真实情况，澄清事实。

能力拓展

调研你所在的学校，分析学校现有的媒体策略、与媒体的关系，提出改善与新闻媒介关系的建议，拟写新闻媒介关系协调与沟通的方案。

步骤四　外部公共关系——政府关系的协调

政府关系是各种组织都避不开的一种关系。良好的政府关系，有利于组织赢得政府的信任和支持。

技能训练

为配合富室城公司 40 周年庆典活动，如果你是该公司公关部经理，该如何通过这一契机，改善和促进与政府相关部门的关系？

_____

_____

相关链接

一、跨国公司政府公关的原则

第一，坚持合法性原则，不触犯国家法律。

第二，坚持国家利益至上的原则。

第三，坚持相互尊重对方权利的原则、平等谅解的原则。

第四，坚持塑造公司领导人的良好个人形象。

第五，坚持与媒体搞好关系。

二、组织应处理好与政府的关系

(一)模范遵守国家的政策、法律

目前，政府对组织的行政干预减少，主要通过政策、法律来管理组织。因此，组织必须熟悉政府所颁布的政策、法律，并及时了解政策、

学习笔记

法律的变动，根据变化及时修正其方针和实际行动，一切活动都必须在国家政策、法律允许的范围内进行。

组织应当把国家利益放在第一位，模范遵守国家的政策、法律。这是构建良好政府关系的基本要求。替政府着想、为政府分忧，做"模范公民"，是协调组织与政府关系的有效原则和方法，是公共关系协调中"公众第一"原则在政府关系协调上的体现。

(二)熟悉政府机构的组织结构及职能

组织与政府日常交往的对象是其主管部门或一些相关的部门，而并不需要与所有政府部门打交道。熟悉政府机构的内部分工、工作范围、办事程序，并与有关部门的工作人员保持应有的联系，可提高办事效率。

(三)加强与政府部门的信息交流

组织除了要了解国家的方针、政策、法规外，还应及时将自身的情况反馈给政府的有关部门，根据本地区、本部门、本行业的特殊情况，主动提出政策、法律建议，并通过适当的渠道进行宣传、说服工作，尽量争取有利于自身发展的立法、政策。

(四)扩大组织在政府部门中的影响力

组织应把握一切有利时机，扩大其在政府部门中的信誉和影响力，使政府了解其对社会、国家的贡献。如利用新厂房落成、新生产线投产、企业周年庆典、新技术新产品上市等机会，邀请政府主管部门领导出席相关活动，并主持奠基仪式或落成剪彩仪式。通过各种专题活动，提高政府部门对组织的信心和重视程度。

小贴士

政府公众心理、行为

政府是公共关系的公众之一。了解政府公众的心理、行为，可从以下几个方面入手。

一、执行政策行为

政府公众对政策监督、解释、执行时，有的原则性较强，比较死板；有的灵活性较强，活动余地较大。前者执行政策、法规机械，不考虑特殊情况，也难以通融；后者则注重情面，善解人意，但也容易犯错误。所以，组织对与自己发生具体关系的这两类不同的政府公众，应采取不同的对策，遇到前者应尽量循规蹈矩，遇到后者则可灵活多变。

二、工作作风

政府公众在工作作风上，有的果断利索，办事效率高，但有时难免草率；有的细腻耐心，办事认真，反复研究，但难免拖拉。遇到前者时，要尽可能果断迅速处理问题；遇到后者时，则应尽可能细致、认真，以免出现漏洞，引起合作的不快。

三、服务态度

政府公众在服务态度上，有的积极、主动，不仅主动热情接待各种来访之人，还积极深入基层，了解情况，寻找问题。遇到这类公众，组织的问题往往会立刻得到解决，因而也就好开展工作。个别政府公众则缺乏主动性，满足于各类机关性事务，遇事推诿，更不愿上门征求意见和了解情况，组织和这类政府公众很难愉快合作。

四、对待物质利益

政府公众一般都能秉公办事，拒绝物质引诱。但也有个别人利欲熏心、以权谋私。对此，组织在与其交往时应公正不阿，坚持原则，但不能与之发生不必要的冲突，以免造成不应有的危害。

学习笔记

✎ 能力拓展

调研你所在的学校及主管政府部门，分析学校与主管政府部门的关系现状，提出改善学校与主管政府部门关系的建议。

步骤五　外部公共关系——社区关系的协调

社区关系是指组织与所在地社会团体、单位、居民之间的睦邻关系。任何组织都生存于一定的社区之中，组织的活动和员工的生活与社区有着千丝万缕的联系。组织的生存发展依赖于所在社区的各种社会服务。社区还是组织最稳定的顾客和消费者。可见，建立良好的社区关系，争取社区公众的理解、支持与合作，对于组织的生存与发展具有重要意义。

技能训练

富室城公司要举行40周年庆典活动，如果你是该公司公关部经理，该如何通过这一契机，改善和促进与社区的关系？

相关链接

协调社区关系应做好以下工作：

一、积极履行应尽的义务，做社区"合格公民"

组织作为社区的居民，必须遵守地方性法规，做到安全生产、守法经营、照章纳税、保护环境等。要避免或纠正组织行为对社区的不良影响，妥善处理与社区之间的矛盾。有条件的组织，还应将自己的文化、福利设施向社区公众开放。

二、热心社区事业

组织要关心和支持社区建设，积极参与社区的各项公益活动，努力为社区出力、做贡献。如赞助社区文化、体育活动；资助养老院、残疾人基金会等社会福利机构；资助社区办学，发展社区教育事业。

三、加强与社区公众的沟通

一方面，要增进组织对社区环境的了解。比如，开展各种方式的社区关系调查、意见征询和交流工作等。通过这方面的工作，组织的公共关系部门可以提高社区公共关系工作的针对性。另一方面，要促进社区公众对组织的充分了解。组织应当主动和经常地向社区通报情况。比如，可以通过大众传播媒介和各种印刷品等努力宣传组织；可以通过邀请社区公众参加座谈、参观和联谊活动等方式加强情感交流；还可以通过积极参加社区活动，使社区公众对组织有更多更细致的了解和认识。

小贴士

对社区公众心理的认知

社区是人们生存和生活的主要环境和场所，因而，社区公众的一般心理主要表现为：要求生活配套设施完备，服务质量高，有亲切感，生活方便、自由、舒心。

尽管要满足社区公众的所有要求是极其困难的，但组织要力所能及地为社区公众着想，以获得社区公众的支持，因为做到这一点对扩大组织的影响、树立良好的组织形象是十分必要的。只有满足了社区公众的愿望和要求，才能建立"睦邻友好"关系。良好的公共关系有利于组织的生存与发展。

能力拓展

选择一个企业，分析该企业有哪些社区公众，拟写处理企业与社区公众关系的建议书。

任务二

公共关系传播

公共关系传播是一种有组织、有计划的信息交流活动。它的目的是沟通传播者与公众之间的信息联系，使组织在公众中树立良好的形象。

组织与公众的沟通，在很大程度上依靠信息传播，组织与公众之间的误解，也往往是由于信息不畅造成的。因此，一个组织不但要有明确的目标、符合公众利益的措施，还要充分利用传播手段开展公关活动，赢得公众的好感和舆论的支持，获得良好的经济效益和社会效益。

步骤一 制定传播方案

制定传播方案，就是公关部门为达到既定目标，选择传播方式、新闻媒介，策划媒介组合策略，开展与实施公关传播活动。

公共关系传播方式包括大众传播、组织传播和人际传播。

(一)大众传播

大众传播就是传播者通过大众传播媒介，将信息传递给公众的一种传播活动。大众传播媒介的类别包括：

第一，印刷类传播媒介——报纸、杂志、书籍。

第二，电子类传播媒介——用电子技术传递信息的媒介，如电视、电影、幻灯片、广播等。

第三，网络传播媒介——为现代公共关系发展提供了全新的传播工具。

(二)组织传播

组织传播是指组织为了疏通内外关系而开展的传播活动，包括演讲会、展览会、报告会、新闻发布会、记者招待会、联谊会、展销会等。

(三)人际传播

人际传播是人与人之间的信息沟通和情感交流活动。

人际传播有两种方式：

面对面传播——通过语言、表情、动作等媒介进行交流；

非面对面传播——通过电话、书信、文稿等媒介进行交流。

公关人员要从传播对象的特点、传播信息的内容、经济实力等方面合理选择传播方式和新闻媒介。

技能训练

为配合富室城公司 40 周年庆典活动，请你为该公司拟订一份公共关系传播方案，包括公共关系传播的对象、目标、内容、活动形式、媒介，传播的方式以及多种媒介的组合策略等。

案例

经典的借势、造势

一位出版商手头积压了一批书卖不出去，眼看就要大亏本了。情急之下，出版商想了一个点子——给总统送去一本，并频频联系征求总统的意见。忙得不可开交的总统随便回了一句："这书不错。"出版商如获至宝，大作宣传："现有总统喜爱的书出售。"还把"这书不错"四个字印在封面上。于是这批书很快被抢购一空。

思考与讨论：

1. 案例中的出版商是如何借势、造势的？这个"势"指什么？

2. 该出版商制造的具有新闻价值的活动取得了很好的效果，你从中受到了哪些启发？

技能训练

为更加有效地开展富室城公司 40 周年庆典活动，请你为该公司策划（制造）新闻事件。

提示：

"制造新闻"是指公关人员在真实的、不损害公众利益的前提下，精心策划、设计、组织具有新闻价值的活动，来吸引新闻界和公众的注意和兴趣，争取媒介的广为传播，从而提升组织的知名度。

公关人员应善于通过"制造新闻"引起新闻界的注意，塑造组织的形象。例如，当年海尔集团的总裁当众砸次品冰箱的事件就是很好的新闻事件，至今仍为人所津津乐道。有了好新闻，媒体会主动报道，这既是最好的软广告，又能促进与新闻媒介的关系。

📖 相关链接

一、传播的五要素

传播过程是由美国学者哈罗德·拉斯韦尔提出的。传播学上的"五W"模式，演示了信息传播的过程：

谁——Who，它是指信息的发布者，在公共关系中，指社会组织。

对谁说——To whom，它是指信息的接收者，在公共关系中，指公众。

说什么——Say what，它是指信息的内容。

通过什么渠道——Through which channel，它是指信息传播的途径、渠道、媒介。

效果如何——With what effect，它是指信息经传播后所产生的效果。

二、大众传播、组织传播和人际传播的特点

(一)大众传播的特点

大众传播，就是专业化的媒介组织运用先进的传播技术和产业化手段，以社会上一般大众为对象而进行的大规模的信息生产和传播活动。

大众传播有以下特征：

第一，公开性(公众不为人际交往范围所囿)。

第二，间接性(在发送者与公众之间存在时间、空间距离)。

第三，单向性(在发送者与公众之间不发生角色互换)，而网络等新媒体的出现，改变了传统大众传播的单向性。互动性是网络传播最显著的特征。

第四，面向群体的分散性(公众是匿名的，无阶层和群组之分)。

(二)组织传播的特点

第一，传播主体的组织化：传播主体是组织机构而非个人。

第二，传播对象的大众化。

第三，组织内部传播的双重性：正式的和非正式的人际沟通形式。

第四，组织外部传播的综合性：公众对象的多样性决定了必须综合运用各种传播方式、集合各种媒介的优势开展传播活动。

(三)人际传播的特点

人际传播是人与人之间的信息沟通和情感交流活动，它具有自己的特点。

第一，感官参与度高。在直接性的人际传播活动中，由于是面对面的交往，人体全部感觉器官都可能参与进来接收和传递信息。即使是间接性的人际传播活动，人体器官的参与度也相对较高。

第二，信息反馈的量大和速度快。在面对面的信息传播中，传播者可以迅速获悉对方的信息反馈，随时修正传播的偏差。传播对象也会被传播者的情感打动，主动提供反馈意见。

第三，信息传播的符号系统多。人际传播可以使用语言和大量的非语言符号，如表情、姿势、语气、语调等。许多信息都是通过非语言符号获得的。

但是，与大众传播相比，人际传播的覆盖面是相当有限的。

三、制造新闻的方法

(一)就公众某一时期最关注的话题制造新闻

如国内外重大活动等，组织以此为主题策划公关活动，一定能吸引媒介注意，获得较好的传播效果。

(二)抓住"新、奇、特"制造新闻

"新、奇、特"是新闻价值的要素，组织策划具有这些特点的活动，可以吸引公众的注意力。

(三)将组织与社会名流联系在一起

组织可邀请名人参加庆典、剪彩活动，做品牌代言人等。利用名人进行公关，不仅能为组织创造新闻事件，还可以扩大社会关注度，提高组织在公众心目中的地位。

(四)与传媒机构联合举办公共关系活动

如举办知识竞赛、联谊活动、文艺晚会、各种评选活动等。组织与传媒机构联合举办活动时，传媒机构出于自身利益考虑必将全力以赴，这是组织扩大影响的有利机会。

学习笔记

小贴士

一、制造新闻的注意事项

1. 制造新闻必须遵循法律、遵循公共关系基本原则，不能愚弄和欺骗公众，损害公众利益和社会利益。

2. 为吸引媒介注意，引发公众兴趣，公关人员必须开动脑筋，精心策划。

3. 公关人员还需具备新闻学方面的知识，知道哪类事件具有新闻价值，能使媒体不请自来。

二、有价值的新闻事件

公关人员应善于从组织所发生的各种事件中挖掘新闻事件。对于企业来说，下列事件可能具有新闻价值：

1. 产品生产和技术改造方面取得新成就。

2. 在企业利润、出口创汇方面有重大突破，为国家和地方财政做出了重大贡献。

3. 企业重大的庆典活动及与名人有关的事件。

4. 企业积极参加社会公益活动。

5. 企业的重大变动，如合并、联合、股份化、重要人事变动。

6. 企业员工的动人事迹及获得的荣誉。

对这些事件如果能从社会和公众利益的角度加以宣传、报道，其新闻价值更高。

能力拓展

1. 利用多种媒介，查询 2020 年度企业具有新闻价值的事件。

2. 联系你所在的学校实际，策划新闻事件，拟订公关传播方案，以提高学校的知名度。

步骤二　发布新闻

我们在前面已经学习了如何策划新闻发布会，在这里，主要学习新闻发布稿、新闻报道稿的写作。

新闻发布稿是新闻发布会的基本文件，要反映新闻发布会的主题、意义，组织机构的态度等。

新闻报道稿是公关人员利用大众传播媒介对公众施加影响的手段，也是组织机构与新闻界保持密切联系的纽带和桥梁。

技能训练

喜庆性新闻发布稿的写作

富室城公司的新时尚卫浴产品荣获国际建材博览会金奖。公司拟召开新闻发布会，请你试着拟写此次新闻发布会的新闻发布稿。

_____

_____

突发性新闻发布稿的写作

某化妆品公司的某种化妆品被查出含有致癌物，为此，该公司必须处理该突发事件，做出道歉，并提出解决措施。该公司拟召开新闻发布会，请你拟写新闻发布稿。

_____

新闻报道稿的写作

根据以下新闻报道的素材，拟写该新闻报道稿的标题。

"××高尔夫快递"服务，就是利用××的全球网络，以门对门的方式为客户将高尔夫球具从上海递往国内及国外的目的地。

经过调研，××发现，目前，中国已经拥有 200 余处高尔夫球场，仅上海就建有 20 余处，而随着高尔夫运动在中国的蓬勃发展，国际级的高尔夫赛事也接踵而至，吸引了大批世界一流的高尔夫球手。与此同时，国内的高尔夫爱好者逐年增多。即使出差在外，爱好者们也希望能够享受高尔夫运动。而选择轻便的旅行还是沉重的球具，成了他们的一大"难题"。

针对这种情况，今年 11 月，××就特别为这一人群量身定做了"××高尔夫快递"。

提示：

新闻标题是新闻内容的主题、全文的精华，其写作应符合以下要求：

（1）突出公司名称。

（2）新颖。

（3）精练。

（4）明确，贴切。

例如，

××××物流，要多快，您说了算！

××物流服务一流，价格低廉，安全快速！

相关链接

一、新闻发布稿的写作

(一)喜庆性新闻发布稿

1. 适用范围

开业、周年庆典和产品获奖等有喜庆色彩的事件。

2. 新闻稿结构

(1)称呼：如各位来宾，女士们、先生们。

(2)开篇亮明新闻稿的主题：一般为宣布的事项。

(3)事件的意义。如获奖的意义等。

(4)介绍事件的梗概。

(5)对事件的评价。

(6)表明决心和态度。

(7)礼貌结束语。

(二)突发性新闻发布稿

1. 适用范围

需要说明事实真相、需要表态的突发危机事件。

2. 新闻稿结构

(1) 称呼：如各位来宾，女士们、先生们。

(2) 开篇亮明新闻稿的主题：一般为态度在先，属于自己失误的要道歉；对造谣中伤者决不姑息。

(3) 说明真相。

(4) 讲清事件的原因。

(5) 总结教训。

(6) 亮出措施。

(7) 做出承诺。

(8) 礼貌结束语。

学习笔记

二、新闻发布的原则

(一)时效性

时效性是新闻的基本要求。及时发布的消息更具影响力。

(二)新闻性

发布"新、奇、特"的、具有新闻价值的信息，才能吸引媒体和公众。

(三)真实性

真实可靠、准确无误的新闻才具有权威性和公信度。

(四)坦诚性

发布信息时要实事求是，坦诚地面对媒体和公众。

(五)策略性

在符合社会利益和公众利益的基础上，对信息披露进行适度性和策略性的把握。

三、新闻报道稿的写作

(一)新闻消息的特点

第一，篇幅较短，内容简明扼要。

第二，常有一段导语，开门见山，吸引读者。

第三，通常是一事一报，基本表达方式是叙述。

第四，注重时效，快速及时。

(二)新闻消息的写作方法

消息由四部分组成：标题、导语、主体、结语。

1. 标题

要求简明、准确地概括消息的主要内容。

2. 导语

它是作者用简洁的文字概括出的关于消息的最主要、最新鲜的事实。

3. 主体

它在导语之后，是对导语作全面的阐述、展开事实的部分。

写作方法：

(1)紧扣消息主题取材。主体部分内容较多，故而要重视材料的取舍，与主题无关的材料要舍弃，次要材料要略写。

学习笔记

（2）叙事宜具体，内容应充实，在具体、充实之基础上，还应力求生动。

4. 结语

以分析、议论、总结的方式对消息作点评。

（1）要紧扣主题，忌画蛇添足；结尾要为表现和深化主题服务。

（2）要以写实为主，忌空泛议论，若无新鲜内容可补充，自然收尾。

（3）在消息中，一个事实、一个观点只能出现一次，再次出现就要有新的信息，所以消息结尾不宜单纯重复事实或观点。

小贴士

一、新闻发布稿的写作注意事项

1. 应体现事件的价值，如"同行业第一个金质奖"等。

2. 突出事件的意义，如对公众的价值。

3. "一少一多"，自我赞美之词要少，引用专家、社会舆论的赞语要多。

4. 言而有据。如"全国第一家"等说法有无根据。

二、新闻消息的写作注意事项

1. 新闻稿件不是文学创作，不能虚构，不能夸张，不能编造。

2. 人名、地名、时间、数字、领导职务要准确（是副职的一定要写上副职），不可道听途说。

3. 尽量避免标题、导语、主体、结语中出现重复句子。

4. 考虑舆论导向的正确性。

5. 一篇消息稿只能有一个主题。

6. 突出主要事实，尽量少写附属事实和琐碎细节，要删去看似很华丽而没有实际内容的空话、套话，去除冗长的修饰、渲染和不必要的议论。

能力拓展

根据学校某个活动素材，写一条有标题、导语、主体、结语的新闻消息（不少于1000字，含标点符号）。

步骤三　发表公关演讲

所谓公关演讲，就是一切旨在扩大组织知名度、提高组织美誉度、塑造组织良好形象的演讲。

公关演讲在企业公共关系活动中起着重要的作用。如果说公共关系是传播，是沟通，是信息的交流，那么，演讲就是传播、沟通、信息交流的工具或具体方式。演讲人通过语言的表达，把自己的思想、对某一具体事件的看法，同时也把自己的情感，作为强有力的信息传播给公众，使公众对演讲人及其所代表的企业有更深入的了解，使公众在一定程度上接受自己的观点和感情。

技能训练

1. 根据富室城公司 40 周年庆典的总体方案，在富室城公司 40 周年庆典活动期间，公司总经理将在庆典活动开幕式上做一次演讲，旨在传播企业文化、经营思想、企业愿景，与公众互动，以提升企业形象。

如果你是公关部总监，应为领导开幕式致辞做一些准备工作，如调查研究、收集资料，除了这些，还有哪些准备工作呢？

_____

_____

2. 拟订演讲活动计划

富室城公司 40 周年庆典活动开幕式演讲活动计划如下，请拟写相关内容，然后制订一个完整的演讲活动计划。

（1）调查研究、收集资料，确定演讲时机。

_____

_____

（2）确定演讲听众、演讲人、演讲活动主持人。

_____

_____

（3）演讲场所的布置和现场管理。

_____

_____

（4）邀请公众和媒体。

_____

_____

（5）拟订演讲提纲。

_____

_____

学习笔记

（6）演讲活动后评估安排。

_____

_____

3. 请为该演讲活动拟写演讲稿(致辞)。

_____

_____

提示：在公共关系活动中，经常会遇到迎送往来的场合，需要有关人员当场致辞。由于这些活动一般由公关部门或公共关系专业机构承办，因此，尽管实际致辞者不一定是公共关系从业人员，但撰写各种致辞的任务往往由公共关系从业人员承担。所以，一名合格的公共关系从业人员，应熟练地掌握各种致辞的撰写技能。

致辞主要包括欢迎词、欢送词、祝贺词和答谢词等。其中，欢迎词是活动主办方对应邀前来参加活动的领导、客人表示欢迎的一种礼仪性讲话；欢送词是活动主办方对即将离去的考察、参观、访问者表示欢送的一种礼仪性讲话；祝贺词是活动参与者对活动本身或活动主办方所取得的某一成就表示祝贺的礼仪性讲话；答谢词则是考察、参观、访问者在即将离别时对活动主办方表示感谢的一种礼仪性讲话。在这四种致辞中，前两种致辞的致辞者是主人，后两种致辞的致辞者为宾客。

案例 1

在××公司成立十周年庆祝晚会上的欢迎词

尊敬的各位领导，女士们、先生们、朋友们：

晚上好！

非常感谢大家前来参加我公司成立十周年庆祝晚会。首先请允许我代表公司全体员工，对大家的到来表示最诚挚的感谢和最热烈的欢迎！

我公司十年的发展，得到了在座诸位嘉宾的关心和支持。我们衷心希望：在我公司今后事业的进一步拓展中，能继续得到各位领导、朋友的关心和支持，使我公司更快地发展壮大，走向全国，走向世界。

最后，祝大家能度过一个愉快的夜晚。

谢谢大家！

案例 2

欢送词

尊敬的×××先生，尊敬的××考察小组的各位朋友：

晚上好！时间过得真快，转眼间，×××先生和各位朋友已完成了在我公司的考察工作，明日将启程回国。在此，我代表××公司全体员工，向×××先生和各位朋友表示热烈的欢送。

×××先生和各位朋友在我公司只有短短的十天时间，但在这十天里，你们和我们朝夕相处，在技术上、管理上给予了我们很多指导，彼此间已结下了深厚的友谊。希望×××先生和各位朋友今后有机会常来我们公司做客，帮助我们进一步改进工作，加速发展。

最后，祝×××先生和各位朋友回国途中一路顺风，身体健康！

谢谢大家！

技能训练

发表演讲

1. 拟写完演讲稿，如果你是演讲者，演讲前要做哪些准备？

_____

_____

2. 演讲过程中要注意哪些问题？开场时、演讲中、演讲结尾各应注意哪些问题？

_____

_____

3. 模拟富室城公司的领导致演讲词，在班上进行演讲。老师、同学扮演听众，对你的演讲进行评估，提出意见。

_____

_____

相关链接

一、组织演讲工作，制订工作计划

(一)调查研究，收集资料

帮助演讲者进行演讲前的调查研究，分析组织发展的形势，厘清组织的优势和所面临的挑战与问题，为演讲稿的写作提供可靠的、生动的材料，也为演讲提供更多的情况、信息。

(二)选择演讲的时机

最理想的时机是大型的文化节、商贸活动，重要的研讨会、展销会，节庆日、公司大型公关活动期间。这样有利于把演讲活动搞得有特色、有声色，能吸引更多的听众，实现好的传播效果。

(三)确定与邀请听众

依照组织活动的目的和演讲的主题确定听众。可以采用发广告、发海报、打电话等邀请方式，重要宾客可采取发请柬的方式，力求更多的听众参与活动。

(四)制订演讲活动计划

安排演讲活动的议程、参加人员，进行经费预算，准备相关工具设备，准备演讲稿等。

(五)确定主讲人、主持人

重要的演讲一般由组织的主要领导、社会名人、专家学者发表。主持人由组织的相关负责人担任，同时配备专门的管理、服务人员。

(六)选择与布置场所

场所布置包括演讲台设置，横幅标语、音响设备、座位、环境的安排等。场所的选择要大小合适，交通方便，标识清楚。

(七)迎接来宾、现场管理

做好听众的迎接与导引，维持好会场秩序，防止会场冷清或拥挤混乱，保证演讲活动顺利进行。

(八)演讲后总结评估

邀请公众代表、媒体记者和演讲的组织者，共同评估演讲，总结经验和教训。

二、演讲稿的写作

演讲稿要观念正确，有说服力，语言生动，布局谋篇合理，一般由以下几部分组成。

(一)标题

标题应简练、鲜明、有力，引人注意。

(二)开场白

演讲的开场白就是演讲的开头,是演讲的一个重要组成部分。好的开场白能起到吸引听众、调动情绪、引起兴趣、铺垫信息的作用。

开场白首先要表示对听众的欢迎,初步沟通,建立感情。然后使用一些方法技巧,或直点主题,或用提问式发人思考,或以事例、典故、故事引人兴趣等。开场白应言简意赅、引人入胜。

(三)主体

主体是演讲的主要部分。在材料的组织安排上,长篇演讲一般采取列题分步的写法。演讲主体内容安排要有逻辑性,要以生动的事例、形象的图表增强效果。在高潮部分,应情感浓烈、言辞慷慨,达到激励听众的效果。

(四)结尾

演讲结尾的类型和方法多种多样,不拘一格,演讲者可根据自己演讲的具体时间、地点、主题、听众及自己的个性等因素,选择适合自己的结束演讲的方法,使之有效地为演讲的效果服务。常见的结尾方式有总结式、号召式、名言式、期望式等。结尾应突出主题,鼓舞人心。最后,向听众致谢。

三、发表演讲

(一)演讲的准备

第一,撰写演讲提纲,演讲时起提示作用。

第二,熟悉讲稿,做到演讲时得心应手。

第三,反复练讲,做到演讲顺利、效果精彩。

(二)演讲的设计

演讲时的姿势会带给听众某种印象,一方面,不可随随便便、松松垮垮;另一方面,不可一本正经、故作姿态。登台时应自然大方,面带微笑,充满自信,精神饱满,举止文雅,力求给听众留下良好的第一印象。

重大活动的演讲,可以照着演讲稿念,但是不能眼不离纸,只顾念稿,应与听众有目光交流。小型演讲尽量脱稿,可以拿一小卡片,在上面列出演讲的提纲。

小贴士

演讲的注意事项

一、处理开场白的注意事项

第一，不可太长。迟迟不入正题会引起听众的烦躁、厌恶。

第二，不可故弄玄虚，否则会引起听众的反感。

第三，不可照本宣科。没有新意的演讲无法赢得公众的支持。

二、演讲禁忌

要注意以下演讲禁忌，如废话、假话、大话连篇，华而不实，以及过多使用"是吧""这个""啊""对不对"等口头禅。

当然，演讲中出现差错是难免的。一般说来，层次较高的听众关注的主要是演讲的内容，对于演讲者形式上的细小错误一般都能谅解。演讲者即使出现了较大的差错，只要能及时纠正，或冷静地在后文中补救，也是可以的。如果出现差错，演讲者不可慌乱，不可吐舌头、做鬼脸等。当然，尤其不可在听众发现错误后，反唇相讥，坚持错误。

三、演讲的结尾禁忌

第一，虎头蛇尾，草草收兵。演讲的结尾要有一定的高度，要尽量将全文的内容升华到新的层次，既能照应开头，总结全篇，又要突出重点，深化主旨，给听众留下完整而深刻的印象。

第二，冗长拖拉，漫无边际。演讲的结尾要干净有力，短小精悍，简洁明快，新颖别致，要以巨大的感染力，使听众的情绪振奋起来。

第三，千篇一律，废话连篇。如："今天我讲到这里，本来是不准备发言的，但主持人一定要我说，我就恭敬不如从命。由于时间关系，本人水平有限，加上没有准备，对情况也不了解，所以就泛泛而谈，随便说说，以上几点不成熟的意见仅供参考，谈得不对的请批评，说得不好的请指正。"这种结尾就是典型的陈旧、庸俗、平淡无味、废话连篇的套话，是演讲结尾之大忌。

第四，旁敲侧击，讽刺挖苦。这种做法表现了演讲者思想素质的低下、修养的缺乏。

资料来源：万国邦，李荣新．公共关系教程．北京：机械工业出版社，2009。

能力拓展

选择学校的一个合作企业，参与策划该企业将举办的新年团拜会。该公司领导将发表重要演讲，请你完成以下任务：

1. 拟订演讲活动计划。

2. 拟写演讲稿。

3. 模拟演讲。

4. 以小组为单位，对演讲稿及演讲进行评估、修改、完善。

步骤四　编写内部刊物

企业内部宣传资料是组织机构内部的重要宣传媒介和信息传播工具。它是一个集约的概念，可以是内部报纸、杂志、宣传册或声像资料。

技能训练

1. 参考你所在学校校报的版面，为富室城公司设计一份内部出版的企业报纸的版面。完成以下任务：

（1）报头

_____

_____

提示：报头含报纸的名称、日期、编号、主办者。企业报纸一般是企业名称缩写后加一个"报"字，也有以产品品牌作为名称的。

（2）版面内容设计

_____

_____

提示：一般情况下，第一版以新闻为主，刊登本企业新闻、行业动态及评论。其他各版可以结合企业产品、企业文化特点等灵活设置，如设置员工心声、新人新作、小发明、文学、艺术栏目等。

2. 内部杂志只限于组织机构内部发行，功能与特点与报纸相似，应依据企业产品、品牌、企业文化、经营情况等内容而设计。

请参考某一企业内部杂志的设计，为富室城公司设计一本杂志的式样，要求完成以下任务：

（1）封面与目录

_____

_____

提示：封面包括杂志名称、期号、主办者。封面要求具有吸引力。目录页按栏目、文章题目、作者、页码的顺序排列，便于查阅。

学习笔记

（2）栏目设置

_____

_____

提示： 内部杂志应有基本固定的栏目。栏目可以考虑设置行业动态、时事政策、员工论坛、经验交流、知识讲座、文艺时尚等。

📖 **相关链接**

一、运用内部刊物的技巧

采用内部刊物进行组织内部沟通时，需要掌握以下三种技巧：

(一)突出组织文化

内部刊物一定要传播组织文化，倡导企业精神。因此，内部刊物需要紧紧围绕着企业文化建设的主线，利用丰富的内容、方式来潜移默化地影响每个员工。

(二)构筑组织精神家园

内部刊物要深切地关怀员工的精神需求，应该是组织员工的心灵家园。要及时通报组织的成果及远景，启发员工对组织现状的认识，激发员工必胜的斗志，鼓励员工为组织目标奋斗。

(三)掌握热点问题

内部刊物应掌握员工关注的热点问题。要抓住热点问题，告诉员工是什么、为什么以及如何应对。

内部刊物应成为组织内部知识传播的一个重要途径，应通过促进知识的传播与利用，为建设学习型组织做出贡献。

二、制作视听材料

在公关传播中，视听材料也是经常使用的自控媒介，具体形式包括闭路电视、有线广播、电影、录像带、录音带、幻灯、灯箱图像等。制作视听材料有一定的难度，有时需要聘请专业人士来制作。但公关人员应当具备一些初步的制作能力，把组织内部的周年纪念、奠基典礼、竣工仪式、展销会、公关活动等场面拍摄下来，向组织内外的公众播放，达到促进沟通的效果。这也是极为珍贵的历史资料，可以成为日后其他公关活动的素材。

在公关工作中，制作视听材料主要有两部分内容：一是图像和声音材料的制作和处理；二是为图像材料拟写解说词并录音。

📝 **学习笔记**

(一)制作图像材料

幻灯片、电影、录像带、光盘等图像材料的制作，首先是选择和摄取各种图像。此外，制作有效的图像宣传材料，还要讲究精湛的摄像、摄影技术。

(二)图像文字解说的制作

成功的图像宣传材料，除了图像的选择、摄取，还必须配有生动、简练的文字解说。文字解说不能作为图像的直白描述，而应是图像的必要补充。它主要是对图像的背景材料的介绍，画外隐含内容的解释，以帮助公众更准确地解读信息，所以，图像的文字解说材料应该更为充实、丰富。

另外，完美的图像宣传材料，也要注意文字解说材料的朗诵和配音制作，还要选取合适的音乐以烘托气氛，增强感染效果。

(三)录音材料

利用录音材料进行宣传有优点，也有缺点。相对于文字材料，它的公众范围要广，不识字或识字不多的人群也可以接受；它比文字材料携带的信息更丰富。一般沟通理论认为，在人际沟通中，语言符号所包含的信息有限，大部分信息要靠副语言，如声音、语调、表情、身体动作等来表达。同时，信息接收者接收声音信号比接收文字信号更方便，所以，利用录音材料做公关宣传也越来越普遍。

制作有效录音材料，文字稿件的写作是第一步。要根据具体宣传目标、主题、公众情况来选择体裁。如果是某项活动的现场录音，也要注意根据宣传主题对材料做取舍。另外，要做好文字材料的朗诵和录音工作。

📝 学习笔记

小贴士 🐚

如何排除各种沟通障碍

排除各种沟通障碍首先应注意缩小传播者与其公众之间的差异，如选择传播沟通媒介时应尽量选择公众心目中信誉较好的媒介以及目标公众最易接触到的媒介，尽量站在公众的立场上，从公众的需求出发，用公众较容易接受的语言或一些生动简单的事例来说明沟通的内容，尽量缩小传播者与公众之间在语言、习俗、态度、观念等方面的差距。

🔍 **案例**

关于《××工匠》2023 年投稿的温馨提示

各部门，各位教职工：

《××工匠》系我校乃至深圳市技工院校系统唯一的一本学术性出版物。编辑部在市人社局、校党委的正确领导下，始终坚持贯彻执行党的基本路线、方针、政策和国家的法律、法规、规章制度，宣传中国特色社会主义核心价值观，为贯彻落实党的二十大精神，为培养更多大国工匠和高技能人才贡献新的力量，编辑部将进一步通过期刊出版阵地，传播"工匠文化"，弘扬"工匠精神"，发挥学术思想舆论阵地的重要导向作用，为学校教育教学、科学发展和人才培养服务，为广大教师提供一个学术研究成果推广、交流的平台，促进学校整体学术氛围和教师的教科研水平的不断提升。

2023 年第 1 期到 2023 年第 4 期全年重点约稿内容选题参考(不限于)为：

1. 现代产业学院建设专题研究

2. 技工院校产业群与专业群耦合度测评研究

3. 新业态模式下的新职业人才发展与职业教育支持体系研究

4. 建设世界一流的应用技术大学的国际比较研究

5. 技工院校建设技术技能积累创新联合体研究

6. 推进技工院校在海外设立"鲁班工坊"的研究

7. 关于建立技工教育、企业人才"双栖"制度的研究

8. 职业教育与共同致富跨越"中等收入陷阱"研究

9. "十四五"我国职业教育资源的空间布局优化研究

10. 职业教育的技术技能与基础教育的有效衔接研究

请各二级学院教师踊跃投稿，同时也欢迎其他广大教师就专业及教学方面专题进行研究，并积极赐稿，继续支持《××工匠》。

2023 年第 1 期《××工匠》拟于 2023 年 3 月 28 日出刊，请投稿的老师，按照投稿指引的要求及格式(详见附件)进行投稿，于 2023 年 2 月 10 日前，将稿件统一发至投稿邮箱：××××××××。

《××工匠》编辑部地址：×××××××

联系人：×××　　　电话：××××××××××

附件1 《××工匠》投稿指引

附件2 论文格式要求

《××工匠》编辑部

2022 年 12 月 28 日

能力拓展

1. 请参考案例《关于〈××工匠〉2023 年投稿的温馨提示》，为你所在的系设计一份系刊，包括杂志名称、标志、封面、目录，并向同学们约稿，组成编审小组，在老师的指导下对稿件进行审核、编排，印制成册。

2. 学校将举行技能节。技能节旨在在学生中开展各种专业技能的竞赛，请你对系里同学参加技能竞赛的情况，进行摄影、摄像，并制作内部声像资料。

具体要求如下：

(1)制定编写大纲。

①资料的主题。旨在宣传系里技能节的情况以及取得的成果。

②内容：宣传什么，哪些比赛项目、场景是不可少的。

③片长、人员分工。

(2)拍摄。实拍学校技能竞赛活动。

(3)编写脚本。对拍摄的内容编写解说词。

(4)后期制作。声像资料的剪辑、合成、录音、配乐，这些工作应请专门的技术人员，或者在学校的专业教师指导下完成。

项目拓展训练

选择一个组织作为背景组织，对背景组织进行调研、分析。

要求完成以下训练任务：

1. 分析该组织的内部、外部公共关系现状，提出改进其公共关系的建议，拟写公共关系协调计划。

2. 拟写公关传播活动方案。

3. 挖掘新闻线索，策划新闻事件，并策划新闻发布会。

4. 撰写新闻发布会的新闻发布稿、新闻报道稿。

5. 组织公关演讲活动，撰写演讲稿。

学习笔记

6. 为该组织设计一份报纸、杂志的样式。

项目实施评价

本项目完成后，应从以下几个方面对完成效果进行评价。

1. 公共关系协调评价指标

（1）能够制订科学、新颖、适用的内部公共关系协调计划。

（2）能够制订科学、新颖、适用的外部公共关系协调计划。

2. 公共关系传播评价指标

（1）会拟订科学、新颖、完善的公关传播方案。

（2）能根据各类新闻稿的写作要求撰写新闻稿。

（3）能根据演讲稿的写作要求撰写演讲稿。

（4）会制订周密、严谨、完善的演讲活动计划。

（5）会设计基本的内部刊物的样式。

（6）会拟订内部声像资料制作方案并组织基本的实施。

3. 综合评价指标

（1）具有公共关系协调意识、较强的沟通协调能力。

（2）具有较强的文字写作技巧和能力。

（3）掌握公关语言艺术，具有演讲技巧和能力。

表 5-1　项目评价评分表

团队名称：					
评分标准		优 （4分）	良 （3分）	中 （2分）	差 （1分）
公共关系协调评价指标	能够制订科学、新颖、适用的内部公共关系协调计划				
	能够制订科学、新颖、适用的外部公共关系协调计划				
公共关系传播评价指标	会拟订科学、新颖、完善的公关传播方案				
	能根据各类新闻稿的写作要求撰写新闻稿				
	能根据演讲稿的写作要求撰写演讲稿				
	会制订周密、严谨、完善的演讲活动计划				
	会设计基本的内部刊物的样式				
	会拟订内部声像资料制作方案并组织基本的实施				

续表

团队名称：		优	良	中	差
评分标准		（4分）	（3分）	（2分）	（1分）
综合评价指标	具有公共关系协调意识、较强的沟通协调能力				
	具有较强的文字写作技巧和能力				
	掌握公关语言艺术，具有演讲技巧和能力				

小组评定总分及评议： 　　　　　　　　　　　　　　　　　签名：

教师评定总分及评议： 　　　　　　　　　　　　　　　　　签名：

企业评定总分及评议： 　　　　　　　　　　　　　　　　　签名：

表 5-2　各实训团队合计实训成绩

团队名称	A 团队	B 团队	C 团队	D 团队	E 团队	F 团队
合计分数						

项 目 反 思

　　回顾本项目——"公共关系沟通与传播"各任务的实施过程，出现的主要问题、难点及解决方案，谈谈自己的体会和收获。

_____

_____

_____

_____

_____

_____

_____

_____

公关危机是指突然发生的、可能严重影响或危及社会组织生存和发展的恶性事件。危机事件的主要特点是：突发性、危害性、冲击性、舆论的关注性。

公关危机管理有广义和狭义之分。广义的危机管理是指公关人员依据危机管理计划，对可能发生或已经发生的危机进行预测、控制、处理的过程。而狭义的危机管理与危机处理的概念一致，指对已经发生的危机进行处理的过程。

项目六
公共关系
危机管理

项目目标

知识目标

- 理解公关危机的概念、危机管理计划的内容
- 熟悉危机预警的步骤，危机处理的原则、措施
- 掌握危机期间针对不同公众的传播策略

能力目标

- 能制订危机管理计划
- 能根据危机管理计划进行危机处理工作
- 能够在危机期间与公众进行有效沟通

项目描述

富室城公司高层将公共关系管理放在战略管理的地位，非常重视公关危机管理工作。他们深知，富室城公司并不是生活在真空中，而是面临着日益复杂的国内外环境，发生公关危机的可能性现实存在。为了防止危机发生时带来措手不及的打击，公司高层认为，制订危机管理计划非常必要。

根据公司的战略意图，公关部要制订切实可行的公关危机管理计划。公关危机管理计划是社会组织在全面分析、预测的基础上，针对出现概率较大的危机事件而制订的有关工作程序、施救办法、应对策略及措施等的书面计划。公关危机管理计划的作用应体现在，第一，可以预防危机发生；第二，可以减少危机损失；第三，可以使危机抢救、处理工作忙而不乱；第四，在维护企业声誉的同时，抓住机遇，抓住时机，重塑企业形象。

思考练习

1. 你认为一般而言，企业制订公关危机管理计划应涉及哪些要点？

2. 制订完公关危机管理计划后，应该如何实施危机管理？在网上搜索企业危机公关的例子，分析企业是如何实施危机管理的。

项目任务

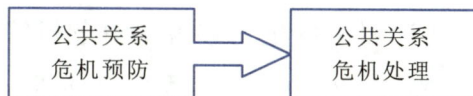

项目实施

任务一

公共关系危机预防

在现代社会中，危机令人防不胜防，每一次危机既有导致失败的根源，又蕴藏着成功的种子。发现进而把握潜在的成功机会，就是危机管理的精髓；而错误地估计形势，并令事态进一步恶化，则是不良危机管理的典型特征。社会上频发的企业危机事件，使很多企业看到了危机公关的重要性，越来越重视制订公关危机管理计划。

步骤一　制订公关危机管理计划

不同社会组织制订的危机管理计划，在内容、格式和风格上会有所差异，但完整、规范的危机管理计划都应包含下列内容：

第一，危机管理的目标和任务。主要是对建立危机管理体系的意义、该体系在企业中的地位和要达成的目标进行描述。

第二，危机管理的核心价值观和企业形象定位。这是企业进行危机管理的纲领。

第三，危机管理的沟通原则。危机管理的沟通原则包括内部沟通原则和外部沟通原则，为危机管理的沟通定下基调。

第四，建立危机管理小组。

第五，危机管理的财物资源准备，法律和金融上的准备：紧急状态下在法律和金融方面的求助程序。

第六，列出潜在的危机，并加以分类、分析。

第七，危机的预控措施。

第八，危机的发现、预警和报告程序。

第九，危机的应变指挥程序：界定不同的危机应变的方式和危机管理人员的应变职责。

第十，恢复和发展计划；危机结束后，对危机管理的评估程序。

技能训练

请你参考以下危机管理计划模板，为富室城公司拟订一份危机管理计划。

案例

危机管理计划模板

一、序

封面

计划名称、生效日期及文件版本号。

二、正文部分

正文部分通常包括十二个方面的内容。

（一）危机管理的目标和任务

（二）危机管理的核心价值观和企业形象定位

这是企业进行危机管理的纲领。

（三）危机管理的沟通原则

危机管理的核心是有效的危机沟通，是保持对信息流通的控制权。危机管理的沟通原则包括内部沟通原则和外部沟通原则，为危机管理的沟通定下基调。

（四）建立危机管理小组

（五）危机管理的财物资源准备

（六）法律和金融上的准备

（七）危机的识别与分析

（八）危机的预控措施

（九）危机的发现、预警和报告程序

（十）危机的应变指挥程序

（十一）恢复和发展计划

（十二）危机管理的评估

📖 **相关链接**

制订危机管理计划的原则

一、危机管理计划的制订应建立在对信息系统收集的基础上

负责制订和实施危机管理计划的人员应充分了解企业内部及外部的信息，并及时充分地沟通，应和相关部门（如政府部门、行业协会以及紧急服务部门等）加强联系。企业如果没有系统地收集相关信息，并加强沟通，就会在制订危机管理计划时顾此失彼，漏洞百出。

二、危机管理计划的制订应由决策者、管理者及执行者共同合作完成

如果没有决策者的重视、执行者的实施，危机管理计划只会成为摆设。因此，危机管理计划的实施者应对计划了如指掌，能有效地将危机管理计划付诸实施。

三、应有标准的报告流程和清晰的业务流程

有标准的报告流程和清晰的业务流程，可确保及时充分地沟通，以及危机反应计划能迅速有效地实施。

四、应有轻重缓急、主次优劣的区分

危机管理的目标应有优先序列，系列危机应先急后缓、先重后轻。

五、危机管理计划必须保证其灵活性和前瞻性

由于企业所处的环境瞬息万变，因此危机管理计划不能过于僵化和教条，从而确保企业在遭遇紧急状况时，能够在遵循总体原则的前提下，采取有针对性的策略和方法。

六、必须有危机管理的预算

制订危机管理计划必须以自身的人力、物力、财力资源为基础。

小贴士

制订危机管理计划应注意的事项

1. 危机管理计划必须是具体的、可以操作的，没有含糊之辞。

2. 危机管理计划应明确所涉及组织及人员的权利和责任，对人员进行有效配置，使组织全体成员在危机来临时都能够迅速找到自己的位置，发挥主观能动性；如果危机管理计划体系混乱，杂乱无章，相关人员就会反应迟钝、迷茫无助。

3. 为保证计划的有效性，应定期对计划进行检查及更新。最好的危机管理计划是能够解决问题的计划。制订好危机管理计划后，并不能束之高阁，而是应定期组织外部专家及内部责任人员进行核查和更新，否则就可能发生用过时的军用地图去制订作战方案的悲剧。

能力拓展

请与学校的某一合作企业公关部合作，参与拟写该公司的公关危机管理计划。

步骤二　危机预警

危机的管理和预防是日益被企业重视的课题，是组织主动出击战胜危机的有效手段。

技能训练

对于一个企业而言，危机发生前常会有一些警告的信号。

结合富室城公司的业务以及其开展的公关活动，请分析该公司的潜在危机，并列出各种潜在的危机信号。

_____

_____

相关链接

一、危机的警告信号

第一，员工有不满情绪；员工流失、士气低落。

第二，消极的媒体报道。

第三，顾客投诉。

第四，产品召回。

第五，业绩不佳，丢失市场份额。

第六，令人失望的财务结果，税务罚款或处罚。

第七，环保问题。

第八，事故。

二、危机预警的步骤

（一）危机预测、分析

危机管理是对危机的产生、发展、变化实施的有效控制，为此，要事先对可能发生的危机做出预测、分析。预测包括：可能发生哪些危机，危机可能具备的性质及规模，它对各方面可能带来的影响。

公关人员需要根据组织具体情况，按轻重缓急把危机分类，如 A 类是发生概率较大的危机，如产品质量、媒介关系、环境变化等；B 类是发生概率较小的危机，如被盗窃、合作伙伴违约等；C 类是发生概率极小的危机，如产品被投毒等。

（二）制订应急计划

在危机发生之前做好准备——制订完善的计划，以便出现危机即刻能做出反应。计划应包括：对付各类危机的方法，安排好在各个工作环节中，负责处理各种问题的人选，并让这些人员事先了解面对不同危机

学习笔记

时他们的责任和应该采取的措施。这项工作也涉及其他部门，所以往往是公关部难以独立完成的，需要其他部门的参与和支持。

(三)成立危机管理委员会

大中型组织应成立危机管理委员会，这是顺利处理危机的重要保证。危机管理委员会的人员应包括组织领导、人事经理、工程管理人员、保安人员、公关经理、后勤部门经理等。如果组织有分支机构，每个分支机构、子公司、分厂都应向委员会派一名代表，以便发生问题时能迅速在各地协调行动；特别是当分支机构也生产同样的产品，采用同样的质量标准、同样的购销渠道，具有同一组织形象时更有必要。

第一，危机管理委员会的作用：全面、清晰地对危机发展趋势做出预测；确定有关处理策略和步骤；安排调配组织的人力、财力、物力，明确责任，落实任务；启动信息沟通网络，与传媒及目标公众保持顺畅联络；对危机处理过程中的各项工作做指导和咨询。

第二，危机管理委员会应配置的设备与材料：足够的通信设备(包括内、外线电话和无线电通信工具)，各类图纸(平面图、建筑施工图、水电线路图、社区方位图等)，员工名册，重要人物的地址、联系电话及应急车辆、人员，各类专用设备等，以保证危机处理能有条不紊地进行。

此外，还可以根据危机内容和可能的发展趋势，确定是否聘请外部专家介入对危机的处理，有些危机只有靠专业的、经验丰富的专家帮助组织控制，才能化解。

(四)搞好内部培训

处理危机是公关工作中的一项重要内容，但由于危机并非经常发生，所以大多数工作人员对处理危机都缺乏经验。可组织短训班专门对相关人员进行培训，内容包括：模拟危机，让受训学员迅速做出反应，以锻炼他们面对危机时处理问题的能力；向他们提供各种处理危机的案例，让他们从各类事故中吸取经验和教训，帮助他们在心理上做好处理各种危机的准备。

危机的发生很难预测，因而危机管理应常备不懈，各种方案、计划、培训都不能一劳永逸，应常备常新，不可心存侥幸。

三、对公众的预警

对公众的预警要传达如下内容：

第一，消息来源、日期。

学习笔记

第二，紧急区域在什么地方。

第三，威胁的性质。

第四，威胁可能造成的危害。

第五，威胁可能持续的时间。

第六，在可能的危情区中应采取的基本措施。

小贴士

危机预警应知

一、印制危机管理手册

将危机预测、危机情况和相应的措施，以通俗易懂的语言编印成小册子，可以配一些示意图，然后将这些小册子发给全体员工。还可以通过多种形式，如录像、卡通片、幻灯片等向员工全面介绍应对危机的方法，让全体员工了解、熟悉出现各种危机的可能性，以及应对的办法。

二、建立处理危机关系网

组织根据预测的、可能发生的危机，与处理危机的有关单位联系，建立合作网络，以便危机到来时能与之很好地合作。这些单位有医院、消防队、质检部门、公安部门、邻近的驻军、相关的科研单位、同行业兄弟单位、保险公司、银行等。在平时就要通过沟通使它们了解该组织的基本情况，以及在危机中该组织会向它们寻求哪些帮助等。

三、对公众的预警

对公众的预警信息要言简意赅、直截了当、准确。行话和术语都要变成简单、明确的公众用语。第一，要明述预警原因；第二，要明述其含义；第三，要告知公众做什么。

能力拓展

1. 请选择一个企业，通过用户、媒体、企业内部各部门等渠道收集危机信息，并列出各种潜在的危机信号。

_____

_____

2. 根据前面收集的危机信息，如果你是该公司的公关人员，接下来应该做哪些危机预警方面的工作？

_____

_____

任务二

公共关系危机处理

在公共关系研究与实践中，危机处理是指公关人员运用公共关系的策略、措施与技巧，来改变组织所面临的危机局面的过程。危机处理是公共关系活动中日益引起重视的管理思想和生存策略，特别是在经济全球化程度加剧的今天，组织的意外或者事故可能会扩大到全国甚至更大的范围，迅速产生恶化后果。因此在现代社会，组织更应该建立起完备的危机紧急处理系统，并能够有效传播和控制信息，使损失降至最低限度。

学习笔记

步骤一 识别与分析危机

美国危机管理专家诺曼·奥古斯丁认为："危机就像普通感冒病毒一样，种类繁多，难以一一列举。"识别、分析组织公共关系危机的种类和引起组织公共关系危机的原因，对于组织确定正确的危机处理策略具有重要意义。

技能训练

某品牌矿泉水公司面临一场严峻的危机。其产品中被发现含有微量的苯。这导致其全球范围内的产品被召回。但事情并没有就此了结。紧接着该企业又面临关于其产品标识是否对产品进行了准确的说明的争议。由于该企业陷入困境，后来又引起竞争对手对其进行了兼并战。

请你分析该公司危机的种类、特征，以及产生的原因。

相关链接

一、危机的类型

(一)组织自身行为损害社会利益而引起的危机

如生产假冒伪劣产品，或产品中含有影响消费者健康的不合格成分，或组织内部员工的行为损害消费者利益等。这类事件的直接后果是导致组织与消费者的对立，会使组织形象和产品形象受到直接打击。再如，一些地方化工厂、造纸厂违规排污，造成周边区域水污染等事件。

随着生活质量的提升，人们对卫生、环保的要求日益提高，组织一旦在追求自身利益过程中，不注意公众和社会利益的保护，就肯定要受到社会舆论的谴责，而解决问题的唯一途径只有组织充分重视社会利益，并积极承担自身应尽的社会责任，事先采取积极有效的手段，减少其在发展过程中对社会利益的损害。一旦事发，应迅速采取积极有效的手段，考虑如何设法补偿社会的损失、挽回声誉，维持与社会公众的良好关系。

(二)意外灾难性事件引起的危机

一般来讲，意外灾难性事件属于天灾人祸，组织主体的直接责任不大，关键在于处理是否及时、得当。因此，此类事故的处理要求：一是尽快做好抢救和善后工作，以最大限度减少事故带来的人身安全与财产设备损失，使受伤害的公众及社会有关方面感到满意，并对组织这种主动、认真、负责的行为表示理解与认同；二是及时做好舆论报道工作，将事实真相告诉公众，消除谣言造成的危害，确保危机的处理有一个公正、有利的舆论环境。著名危机管理专家诺曼·奥古斯丁曾说："我自己对危机的最基本经验，可以用六个字概括'说真话，立刻说'。"

(三)舆论的负面报道引起的危机

传媒的舆论导向作用是非常显著的。在某种程度上讲，传媒宣传还起到树立某种社会评价标准的作用，往往直接影响着公众对某种社会现象的评价态度与关注程度。因此对任何一种舆论负面报道，都必须引起足够的重视。

二、危机的成因分析

对危机的成因做深层的探析非常重要。除自然环境因素、社会环境因素之外，许多危机的产生根源在组织内部，即往往是内部的管理体制不当或人员素质低下导致问题演化成危机。危机的具体成因有以下几个方面。

(一)组织自身决策违背公关基本原则要求

在现代社会，组织的决策与行为应自觉考虑到社会利益，"与公众共同发展"。如决策背离公众和社会环境的利益与要求，就有可能使组织利益目标与社会利益目标相对立，从而引发公众对组织的抵触、排斥和对抗，从而使组织陷入危机之中。

(二)组织人员素质低下，行为违背组织宗旨

组织人员包括管理者和员工两类。就管理者而言，现阶段我国的企业管理者已逐步向职业化过渡，但仍有不少组织内部管理者，对内缺乏感召力和凝聚力，不能激发员工工作潜能；对外缺乏组织形象意识与公众权益意识，对公众的正当权益要求置若罔闻，甚至粗暴对待公众，以致引发组织形象危机。就员工而言，员工的工作特性决定了他们是组织形象的代言人，许多公众也是通过与一线员工的直接"对话"才对组织有了总体印象。员工服务素质的优劣、服务能力的强弱直接关系到公众对企业的认同程度，个别员工的粗暴行为往往会给组织形象带来恶劣后果。

(三)没有建立正常有序的传播沟通渠道

许多企业在传播沟通意识上还存在两大"盲点"：其一，无限制扩大组织机密范围，追求事事保密、层层设卡，唯恐公众知晓组织决策内容。例如，某公司殴打记者事件，既不允许记者参观生产现场，又不让记者看产品检测报告，怎么会不使人对产品产生各种疑惑呢？更有一些组织甚至不让员工知晓内部有关信息，这种视公众、员工为敌人的行为又怎么能使员工对组织忠诚、公众对组织理解呢？其二，只重视信息的单向发布，不重视信息的及时反馈。一旦危机发生，不知道发生的程度如何，公众的知晓状况如何，媒体的态度又如何，第一手信息资料缺乏，危机又怎么能得到有效控制呢？

三、危机的特征

危机有很多特征，主要表现在以下几个方面。

(一)突发性

危机事件一般在组织毫无准备的情况下突然发生。这些事件使人措手不及，容易给组织带来混乱和惊慌，如果对危机事件没有任何准备就可能造成更大的损失。

(二)难以预测性

组织所面临的危机，在某种程度上具有不可预测性，会给组织带来各种意想不到的困难。特别是那些组织外部的原因造成的危机，如自然灾害、国家政策的改变、科技新发明带来的冲击等，它们往往是组织始料不及并难以抗拒的。

学习笔记

(三)危害性

一般来说,危机不仅会破坏组织正常的生产秩序,使组织陷入混乱,而且会给组织未来的发展、经营带来深远的影响,特别是发生了有人身伤亡的事故之后。从社会角度看,组织危机会给社会公众带来恐慌,有时还会给社会造成直接的物质损失,如产品不合格或是人身伤亡事故,抑或污染公害,会给人造成身心伤害,或对生态环境造成不可逆转的破坏。

(四)舆论的关注性

在现代社会,大众传播十分发达。组织危机常常会成为舆论关注的焦点,成为媒体捕捉的最佳新闻报道线索。有时候它会牵动社会各界,乃至在世界上引起轰动。所以说危机对组织带来的影响是非常深刻和广泛的。

四、正确认识危机

危机处理的第一步是正确认识危机,这是极其重要的一步。如果因为无法正确认识危机,导致在处理上产生极大的误差,就会徒然扩大损失,增加处理成本。

(一)识别最易招致危机的时机

危机何时发生,的确难以预测,这是因为引发危机的因素非常多,因外在环境变动而产生的危机更难以捉摸。

(二)认识辨识危机

认识辨识危机是危机处理的第一个环节。危机处理者应能在关键时刻认识危机已经降临,并立即辨认出是何种危机,并确定处理方向。

(三)掌握危机的趋势与结构

能掌握危机的趋势与结构,在危机处理上,方能做出有利的决策,不至于弄巧成拙,带来无谓的损耗。掌握危机的趋势与结构,宜从危机的程度性、破坏性、复杂性、动态性、扩散性、结构性六方面分析与研判。

🖉 学习笔记

小贴士 🌼

危机的分析与识别

一、危机发生前

危机管理是对危机的产生、发展、变化实施的有效控制,为此,事先要对可能发生的危机做出预测、分析。预测包括：可能发生哪些危机，危机可能具备的性质及规模，它对各方面可能带来的影响。

二、危机发生时

第一，组织应将所有已知信息在第一时间通告一些特殊公众，寻求他们的理解与支持。

这类特殊公众一般处于权威地位，如政府部门权威人士、行业专家、专业机构、消费者协会等，组织如能与他们保持良好的沟通与了解，他们就会采取理解、支持的立场（至少不会以反对者身份指责组织）。而且，这类公众很可能会在危机中成为第二信息来源，其发出的信息对组织与公众的影响力是不容忽视的，因此，政治和社区意见领袖往往会对危机处理起到决定性的作用。

第二，尽快调查并公布真相，澄清事实。

在危机发生之后，组织应迅速采取措施，降低危机影响程度，尽快将最新情况告诉公众，还须尽快查明危机根源。如果是自身的原因，组织应勇于承担过失责任，向公众道歉；如果是其他因素所致，也应将事实告诉公众，减轻自身的压力。

在这里，邀请技术权威机构介入对危机事件真相的调查与论证，可提高信息的可信度，对于减少谣传、寻求传媒与公众的理解尤有好处。

能力拓展

利用各种媒介，如报纸、网络，查询一个企业的公关危机案例，请你分析该公司危机的种类、特征以及产生的原因。

步骤二　危机处理

处理危机事件、实施危机管理时，绝对不能随心所欲，必须按照一定的原则，妥善地加以处理，用科学的程序和方法赢得公众的谅解和信任，尽快恢复组织的信誉和形象。

技能训练

假如富室城公司出现产品质量危机，你认为应该如何应对危机？应该采取哪些步骤、措施解决危机？

_____

_____

相关链接

一、危机处理的程序

(一)步骤

危机的确认，危机的衡量，危机的决策，危机处理的实施，处理结果的评估。

(二)过程

成立专案小组，收集危机资讯，诊断危机，确认决策方案，执行处理策略，重点处理，寻求援助，切实掌握全局处理危机。

(三)善后

检讨与评估。预防、避免下一个危机。

二、危机处理的原则

一是积极性原则。一旦危机出现，就要以负责的、积极的态度调查、了解、分析、判断、决策，寻求最佳的解决方案，争取专家的帮助和公众的支持与谅解，这是危机公关的基本态度。

二是主动性原则。组织内部的人员要挺身而出，勇于承担责任，寻找解决问题的契机，变被动为主动，变不利因素为有利因素。

三是及时性原则。危机公关的目的在于尽最大可能控制事态的恶化和蔓延，把因危机造成的损失降到最低限度。事件发生后，公关人员要迅速做出反应，果断进行处理，赢得了时间就等于赢得了形象。

四是冷静性原则。要沉着、冷静、富于理性，不能急躁、随意、信口开河。要稳定而积极地处理危机，应对自如。

五是真实性原则。本着实事求是的态度，公布事实真相，让事实说话，才能防止流言蔓延，从而维护组织的形象。

六是责任性原则。要勇于承担责任，做到不推卸，不埋怨，不寻找客观理由，这样才能得到社会的谅解，赢得公众的好感。

七是善后性原则。做好危机事件的善后工作，包括对公众损失的补偿、对社会的致歉、对自身问题的检讨等。

八是灵活性原则。进行有针对性、灵活性的处理。由于危机多属于突发性的，不可能有既成的措施和手段，因此，根据实际情况灵活处理很重要，也很关键。

三、危机处理的措施

作为危机管理的核心，危机处理工作成果往往决定企业在危机中的命运，以下措施对成功处理危机至关重要。

(一)危机的确认与评估

危机爆发之初往往是危机处理的最佳时刻。面对稍纵即逝的时机，企业的当务之急是在第一时间启动危机处理领导小组的工作，让它充当企业危机管理的核心，协调指挥，全盘把握。如果企业没有建立这样的管理小组，那么应当迅速调动企业人力资源，组建由企业高层管理者、相关的职能部门乃至企业外部专家组成的危机处理小组，并视情况设置危机控制中心，明确规定危机处理小组成员之间的职责分工、相应权限和沟通渠道。

危机处理小组组建后，由相关负责人奔赴现场，通过收集信息了解危机的各个方面，进一步确认危机事件的性质和引起危机的原因，了解危机发生的详细经过、危机的受害者及受害情况等，以形成对危机的正确认识。

一旦确认了危机，危机处理小组就必须在最短的时间内对危机事件的发展趋势，对危机可能给企业带来的影响和后果，对企业能够和可以采取的应对措施以及对危机事件的处理方针，对人员、资源保障等重大事情做出初步的评估和决策。

(二)危机诊断

危机诊断是企业根据对危机的调查和评估，探寻危机发生的具体诱因的过程。在危急时刻，可调配的资源十分有限，企业需要通过危机诊断判断出危机产生的真正根源，对于不同程度的危机采取不同的处理方式，对症下药。

通常，导致企业危机的根源有外因和内因之分。外因包括经济、政治、自然灾害、传染病疫等，其危害范围宽，危机根源比较直接，属企业不可控范畴。内因往往是管理不善，受人的主观能动性影响，危机根源错综复杂，但属企业可调控范畴。针对危机外因与内因的特点，企业危机主要应诊断内因。

企业应分析引起危机的种种诱因，通过整理危机事件与危机的诱因的关系，为下一步制定危机处理策略提供依据。

（三）确认危机处理方案

企业危机处理的总指挥应发挥团队最高统合战力，从可行的方案中，选择较为合适的方案。若能从危机管理期拟订的各种解决危机的行动方案中择一，宣布实施，乃最理想的状态。但是如果企业事前没有制定危机管理的防范措施，这是一般资源不足的中小企业较常出现的问题，企业管理者则应带领相关部门的负责人赴第一线坐镇指挥，当场讨论如何处理并立刻实践行动方案。

选定方案前的危机决策过程：应先列举各项抉择方案，权衡各方案利弊，从中选定一个方案。方案的选定以头脑风暴法和决策树法较佳，因为这种逻辑判断法考虑到每一个行动方案及其后果。值得注意的是，即便在紧急情况下，评估、诊断、辩论、方案选定等过程也不应该放弃，但可以尽量缩短时间。

（四）集中力量，落实处理方案

这是危机处理的中心环节，公众和舆论不仅要看企业的宣言，更要看企业的行动。由于危机反应的资源和时间是有限的，如果平均地使用力量，危机反应就可能顾此失彼，或者是没有抓住危机中的主要矛盾而导致重大的损失。因此危机反应行动应有主次之分，通过前面的危机评估和危机诊断环节，找出主要危机或者危机的重点，首先解决危害性较大、时间要求紧迫的问题，再着手解决其他问题，这样的危机处理才是有效的。

在危机处理的过程中，企业如果能够遵循危机处理的一般原则，按照危机处理的方针措施步步为营，那么不仅可以使危机得到遏制，甚至可以把危机看成一次发展的契机，抓住机会，实现新的跨越。

四、危机处理的对策

（一）组织内部对策

第一，成立危机处理领导小组。

第二，了解情况，制定对策，统一口径。

第三，告知相关部门，向公众公开真相。

第四，调查事发原因，评估处理工作。

第五，奖惩有度，并通告有关各方，以平息不良舆论，求得公众的理解、同情、支持与合作。

学习笔记

(二)受害者对策

第一，认真了解受害者的情况，实事求是地承担责任，并诚恳地道歉。

第二，冷静地听取公众对事故处理的意见和愿望，了解和确认有关赔偿损失的要求。避免出现为自己辩护的言辞，即使对方有一定责任，也不要在现场追究。

第三，给受害者以安慰和同情，并尽可能提供他们所需要的服务，尽最大努力做好善后处理工作。

第四，通过不同的渠道公布事件的经过、处理方法和今后的预防措施，向受害者及其家属公布补偿方法及标准，并尽快实施。

第五，在处理危机的过程中，不随意更换负责处理工作的人员。

小贴士

危机出现时，要迅速分析、掌握危机的全面情况。

1. 公关部要首先搞清是什么人，在什么时间、地点，发生了什么事，事故的原因是什么，按这些要点迅速查明危机的基本情况。有可能的话，可以在目击者的协调下进行调查。

2. 迅速拿出原定计划付诸实施。估计危机可能产生的后果和影响，如人员伤亡的数量、程度，应送什么样的医院治疗，设备损坏的情况，公用设施损坏的程度及其他财产损失，找到迅速控制事态发展的有效方法。

3. 预测事故危机发展的前景，解决方案实施的效果及可能造成的影响，如不能制止，危机还将如何发展，会引发什么样的问题。

4. 同事故见证人保持联系，记下其姓名、单位、地址及证件号码，必要时可请公安机关加以协助。

5. 保护现场，收集物证。无论是产品不合格引起的事故，还是其他原因造成的事故都应及时收集物证，组织专家检验、测定。在结果没出来之前，有引起事故嫌疑的产品应通知销售部门暂停出售。

能力拓展

某餐饮店危机公关

2022年8月，媒体记者卧底某餐饮店暗访，通过拍摄老鼠钻食品柜、餐具上残留洗洁精、厨房蟑螂横行等照片，揭露了餐饮行业企业卫生状况堪忧的问题。在事件爆发 3 小时左右，该餐饮店给出了一个企业危机公关范本的案例，业内人士将其危机公关处理策略概括为：背锅、认错、改错。

思考与讨论：

1. 有哪些成功的危机公关案例？它们有什么共同特点？

_____

_____

2. 该店危机的产生源于哪些失误？

_____

_____

4. 假如你是该店公关部经理，请你提出具体的危机公关处理方案。包括：

(1) 危机处理的原则；

(2) 危机处理的程序、步骤；

(3) 危机处理的措施、对策。

步骤三　危机期间的媒介管理与传播

危机期间的媒介管理与传播是危机管理的基本要素之一。成功的媒介管理与传播策略可以弱化公众及媒体对组织的消极印象。

技能训练

1. 富室城公司的某产品在某地被个别媒体宣传为含有可致癌放射性物质。个别媒体并未进行核实，也未和消费者协会进行沟通，就以连篇累牍的反面宣传为筹码，要求企业做几十万元的广告。企业并未采取简单的"拿钱堵嘴"策略，而是冷静地分析了危机源的所在，做了妥善的处理。一是对同批次的产品在相关检验机构做了检验，拿到了有利证据；二是积极通过消费者协会，与怀疑产品有问题的消费者直接见面，聘请专家从科学理论上作公开解释；三是从人道的角度看望并安慰这些消费者，从而得到了消费者的认可和理解。这样一来源头堵住了，企图以报道换广告的那家媒体也就自动停止了继续宣传。据说，该企业处理这场风波仅花费了几万元，且一次性完成了所有善后工作。

(1) 媒体对危机传播会产生什么样的影响？在本案例中，企业是如何与媒体打交道的？成功之处体现在哪里？

_____

_____

(2)危机期间与媒体互动的原则有哪些？

_____

_____

(3)对其他不了解真相的媒体，应该采取哪些措施？如何与其沟通？联系的方式有哪些？

_____

_____

(4)对不同的公众，如媒体、上级领导部门、消费者等，应分别采取什么对策？

_____

_____

2. 富室城公司的产品被个别媒体宣传为含有可致癌放射性物质后，公司采取了有效的危机处理对策，准备召开一次新闻发布会，对事件进行评述，澄清事实，以尽量减少损失，及早控制事态，避免事态进一步恶化。

(1)新闻发布会应做好哪些准备工作？

_____

_____

(2)在新闻发布会上，针对记者届时有可能提出的问题，如何答复？

_____

_____

相关链接

一、危机期间传播的原则

(一)尽快公布真相

尽快公布真相，并在媒体找上门之前先找到他们。这样，可以抢先对事件进行解释，防止谣言滋生，从而减少危机的损害。

(二)勇于承担责任

在危机处理过程中企业应勇于承担责任，不要回避问题、推卸责任。

学习笔记

(三)表示同情与关心

要对受害的公众表示真诚的关心和同情，而且要采取适当的安抚措施。

(四)尽快澄清负面报道

对于已经被媒体或舆论挑起情绪的公众而言，组织对谣言进行适当的澄清是非常重要的，同时，应表明对危机事件的立场。

(五)与媒体保持良好的沟通，成为可信赖的消息来源

组织应成为媒体可信赖的信息来源，应与媒体保持良好的关系，及时通过它们对外发布最新消息，并善于利用新闻媒体与公众进行沟通，以控制危机。

二、危机期间公众传播的对策

(一)新闻媒体对策

新闻媒体是政府的"喉舌"，代表着大众利益。大众有权知晓他们认为有必要知晓或传播的信息。在这里，公开、坦诚、积极主动的配合态度是处理媒体关系的关键，只有这样，才能取得新闻媒体的信任和支持。更何况组织与公众的沟通也只有借助媒体的支持才有可能高效进行，因此组织应该非常乐意，且能够与媒体做更深层次的沟通。

(二)上级领导部门对策

第一，危机发生后，应及时向组织的直属上级领导汇报情况，不能文过饰非，不允许歪曲真相、混淆视听。

第二，在处理过程中应定期将事态发展、处理、控制的情况，以及善后的情况，向上级报告。事故处理结束后，应将详细的情况、解决的方法及今后预防的措施、组织应承担的责任形成综合报告，送交上级部门。

(三)社区对策

第一，对待社区，如果是火灾、毒物泄漏等给当地居民确实带来了损失的，组织的公关部门应向当地居民登门道歉，根据事故的性质也可以挨门挨户道歉。

第二，必要时可以在全国性或地方性报纸上刊出致歉广告，直到作出经济赔偿。这种致歉广告应该面向有关公众，告知他们急需了解的情况，明确表示出组织敢于承担责任、知错必改的态度。此外，对在外地发生的危机，如有必要应派人到有关单位去处理，澄清事实，承担

责任。

(四)消费者对策

第一，通过不同的传播渠道向消费者发布说明事故梗概的书面材料，公布事故的经过、处理方法和今后的预防措施。

第二，听取受到不同程度影响的消费者对事故处理的意见和愿望。

三、网络危机处理

公关强调的是人与人之间的交流，但通常企业是很难站在舆论的最前沿的，而企业的自办媒介(宣传册、内部刊物等)又只能面向企业以及行业所属的范围。因此网络的开放性给企业提供了很好的宣传自己、规避风险的途径，同时网络信息的高速传播和较广的公众覆盖面又成为危机得到迅速控制的有力保证。

网络因其优势可以使组织更快地将有利信息传达给尽可能多的公众，但同样会加快不利信息的传播，给组织带来难以想象的舆论压力。因此，企业必须清楚网络时代的危机处理规则与技巧，才能将不利转化为有利。

首先，应该建立日常的网络维护和检测系统。通过建立自己的网页，及时把企业信息传达给公众，在线回答消费者问题，适时与消费者进行在线互动。危机发生之前，企业与公众的关系亲疏决定了危机的扩散程度和解决速度。组织建立自己的网页方便了危机发生时公众在第一时间获得有利信息，能及时防止流言的传播，降低公众对组织信息的不确定性。

其次，危机中可通过电子公告板、电子邮件、网络论坛以及著名新闻网站信息渠道对外发布信息。特别是前三种方式，实现了传统媒体所难以做到的互动性，将一种由上至下的信息流通方式延伸为"滚雪球"式的平行传播。在这种平等开放的交流平台上形成的舆论影响，优于传统媒介的传播效果。每个人都可以自由地发表自己的言论，自己的言论又会受到他人的重视，得到传播，这种被尊重、被认同的心理优越感，大大地减少了公众的抵制情绪。

最后，还可利用网络的多种媒介平台和形式的多样性，采用企业处理危机的部分实况转播报道、危机中和危机后的民意调查等形式与公众进行深入的互动沟通，配合其他传播方式形成强大的信息网络，尽快扭转局势，重建形象。

网络作为危机处理的一个新手段，除了在内容和形式上需不懈创新外，如何通过对信息流通渠道加强管理，或其他方法提高网络信息的信任度也是个值得关心的问题。

四、危机期间与媒体的联系

(一)现场采访

危机期间会吸引大量的媒体。管理媒体有一定的难度，控制现场采访和报道的通常方法有：

第一，实行采访责任制。

第二，提供确定的采访场地及必要的设备。

第三，精心挑选目击者、受害人等。

(二)新闻发布

有效的新闻发布包含四个因素：

第一，要有一个关于新闻发布动机和内容的清晰的大纲。

第二，言简意赅地陈述已做的努力、当前在做的工作和将来的计划。

第三，提供背景资料，包括组织的详情、有关处理当前危机的危机管理方案、相关的图表和照片等。

五、危机期间与媒体互动的原则

第一，事先拟订好应对记者采访的答复。

第二，接受采访时保持冷静，实事求是，不予谴责，避免与新闻记者发生冲突。

六、危机期间答复询问要点

危机期间，新闻媒体以及其他公众会纷纷向组织发出询问。公关人员必须掌握回答询问的基本技巧。

(一)回答员工亲属的询问

对于一时无法提供确切信息的，可告诉对方稍后再答复。注意要让他们感到没有被欺骗。当信息缺乏时，员工亲属会焦虑不安，可能会向政府有关部门反映或与媒体接触，从而在公众心目中造成该组织对员工不负责任的印象。

(二)回答新闻媒体的询问

危机期间，新闻媒体记者出于职业的敏感，往往会对企业追踪采访、报道。在回答记者询问时，要注意：

第一，感谢他们对危机事件的关心、关注，诚恳地请他们支持、配合企业的工作，恳请他们务必从危机处理中心新闻发布办公室获取有关信息。

第二，提供真实的信息，切忌使用"无可奉告"之类的语言。

七、危机期间的新闻发言人

危机期间，新闻发言人是组织确认的信息发布员，是组织的正式代表。因此，对危机期间新闻发言人的要求也是很苛刻的。

第一，必须受过专业训练。

第二，能制定与新闻媒体相处的恰当策略。

第三，能充分运用事先准备的资料，灵活运用图片、表格等辅助资料说明事件的情形。

第四，掌握各种传递信息的沟通技巧。

小贴士

一、新闻发言人的行为原则

一般来讲，新闻发言人代表信息的权威。新闻发言人在公共危机处理中面对大众传播媒体，特别是在新闻发布会上，行为要符合以下几项原则。

(一)不回避

新闻发言人应把紧急事件的发生原因、正在采取的措施、当前的状况和紧急救援后的效果做妥善的说明介绍。新闻发言人如果刻意回避媒体，媒体便无法获得权威的消息，便可能导致记者对事件及相关问题进行臆测，或根据错误信息进行分析评论的情况发生。

(二)形体语言得体

新闻发言人在接受大众媒体访问时，尤其是面对电视媒体和照相机镜头时，服饰应庄重严肃，形体语言也要得体。新闻发言人面对镜头时，应沉着、诚恳，而不能表现出不耐烦或做出不屑的表情，不能有手部的习惯动作。新闻发言人回答媒体的询问后，上级主管可根据需要做补充说明，以争取主动，控制局面。

(三)提供服务

如果有可能，新闻发言人可提前准备好书面资料，如发言稿、新闻稿及事件处理经过的报告等。一是方便记者参考编写新闻评论。二是可避免记者虚构或脱离事实进行评论而引起读者和公众的误解，必要时，新闻发言人应主动补充最新状况。

二、新闻发言人的应对技巧

在召开记者招待会和信息发布会的时候，新闻发言人必须掌握应对媒体的必要技巧。这些技巧主要包括以下几个方面。

（一）快速思考，积极回应

新闻发言人必须能够迅速了解信息并且能够稳妥有效地表达问题与观点，针对媒体和公众的问题必须采取积极的态度加以回应，而不能简单地回避。

（二）有效倾听

新闻发言人应该懂得听别人说话。在想转移话题或改变回答特定问题的方式时，倾听的技巧很关键。善于倾听的人在接待公众时，能够识别其中的敏感问题。新闻发言人应该能够在不过多刺激公众的情况下，善解人意地消除公众的担心，这有助于减少人们的批评和不满。

（三）避免长时间停顿或是用太强的专业术语

由于新闻发言人是组织将相关的信息和措施传达给媒体和公众的直接出口，其目的在于传达信息，与媒体和公众沟通，因此，要确保其要传达的信息能被媒体和公众容易并正确地理解。

（四）在压力下要保持冷静

新闻发言人必须能够在压力下保持镇定。这些压力可能有：接受新闻采访、在竞争对手面前讲话，或者在一个可能引起争论的问题上代表组织的立场。

（五）有技巧地处理复杂问题

向媒体传递信息要经过充分的考虑和筛选，避免出现失误。新闻发言人应有技巧地解释个别问题不能回答的原因，并质疑和纠正不正确的信息。

能力拓展

就公司产品被怀疑含有可致癌放射性物质的危机事件，公司公共关系部的副总将担任新闻发言人，在新闻发布会上发言，并接受媒体询问。

1. 如果你是公关部经理，应该为新闻发言人做好哪些准备工作？请你拟订新闻发布会方案，内容包括：

（1）新闻发布会的准备工作。

（2）准备好记者可能提出的问题，并提供问题的答案。

（3）背景资料的准备。

2. 同学们分组进行新闻发布会记者提问环节的模拟活动，模拟活动结束后进行评估和总结。

📜 **项目拓展训练**

利用报纸、网络等媒体查找企业危机公关的正反案例各一个，以其为背景，完成以下任务。

1. 对危机事件进行识别、分析、比较。

2. 对案例中危机处理过程进行对比分析，评论危机处理的亮点与不足，提出对危机处理的建议。

3. 评价企业在危机期间的传播策略、媒介管理对策，并提出建议、方案。

4. 为企业拟订危机管理计划，提出做好危机预警的措施。

📜 **项目实施评价**

本项目完成后，应从以下几个方面对完成效果进行评价。

1. 公共关系危机预防评价指标

(1) 能对公关危机事件进行识别、分析、比较。

(2) 能提出科学的危机预警措施。

(3) 能为企业拟订危机管理计划，计划规范、严谨、具有专业性。

2. 公共关系危机处理评价指标

(1) 能针对公关危机事件，拟订公关危机处理的建议和方案。

(2) 能拟订在危机期间的传播策略、媒介管理对策。

3. 综合评价指标

(1) 对公关危机具有基本的预见性、科学的判断力。

(2) 具有较强的与媒体沟通的能力和技巧。

(3) 具有基本的果断、科学处理公关危机事件的能力。

表 6-1　项目评价评分表

团队名称：					
评分标准		优 (4分)	良 (3分)	中 (2分)	差 (1分)
公共关系危机预防评价指标	能对公关危机事件进行识别、分析、比较				
	能提出科学的危机预警措施				
	能为企业拟订危机管理计划，计划规范、严谨、具有专业性				

续表

团队名称：		优 (4分)	良 (3分)	中 (2分)	差 (1分)
评分标准		优 (4分)	良 (3分)	中 (2分)	差 (1分)
公共关系危机处理评价指标	能针对公关危机事件，拟订公关危机处理的建议和方案				
公共关系危机处理评价指标	能拟订在危机期间的传播策略、媒介管理对策				
综合评价指标	对公关危机具有基本的预见性、科学的判断力				
综合评价指标	具有较强的与媒体沟通的能力和技巧				
综合评价指标	具有基本的果断、科学处理公关危机事件的能力				
小组评定总分及评议：				签名：	
教师评定总分及评议：				签名：	
企业评定总分及评议：				签名：	

表 6-2 各实训团队合计实训成绩

团队名称	A 团队	B 团队	C 团队	D 团队	E 团队	F 团队
合计分数						

项 目 反 思

回顾本项目——"公共关系危机管理"各任务的实施过程，出现的主要问题、难点及解决方案，谈谈自己的体会和收获。

_____

_____

_____

_____

_____

_____

_____

附录　"公共关系"课程成绩汇总

各项目名称等	各团队成绩及排名					
	A 团队	B 团队	C 团队	D 团队	E 团队	F 团队
引　言　公共关系认知						
项目一　公共关系调查研究						
项目二　公共关系策划						
项目三　公共关系实施与效果评估						
项目四　组织形象塑造						
项目五　公共关系沟通与传播						
项目六　公共关系危机管理						
合计成绩						
团队排名						

主要参考文献

1. 中国就业培训技术指导中心组织．公关员（中级 高级）．北京：中国劳动社会保障出版社，2006.

2. 劳动和社会保障部教材办公室组织．公关员（初级 中级 高级）．北京：中国劳动社会保障出版社，2004.

3. 司爱丽，王祥武．公共关系实用教程．北京：机械工业出版社，2010.

4. 万国邦，李荣新．公共关系教程．北京：机械工业出版社，2009.

5. 罗建华，阿木尔．公共关系学．北京：机械工业出版社，2009.

6. 朱权．公共关系基础与实务．北京：机械工业出版社，2008.

7. 缪启军，詹秀娟．公共关系实务．上海：立信会计出版社，2008.

8. 李兴梅，林娟．公共关系基础．上海：立信会计出版社，2007.

9. 栗玉香．公共关系（2版）．北京：经济科学出版社，2007.

10. 孙宝水．公共关系基础练习册．北京：高等教育出版社，2006.

11. 郭惠民．中国优秀公关案例选评（之三）．上海：复旦大学出版社，1999.

12. 赵培华，叶前进．公关策划应注意的问题．公关世界，2010(2).

13. 干勤．对公共关系效果评估若干问题的探讨．西南民族学院学报（哲学社会科学版），2000(8).

14. 傅培培，曹海莹，彭秋收等．基于品牌强度分析的我国彩电业发展预测研究．南京财经大学营销与物流管理学院营管学刊，2007(1).